縄文里山づくり

御所野遺跡の縄文体験

御所野縄文博物館 編

新泉社

もくじ

御所野縄文公園

川によって削られた
河岸段丘に
火山灰が厚く
積もった大地、
そこで御所野縄文ムラが
営まれた。

御所野縄文公園

7.7haの台地から丘陵地まで、ほぼ全面が縄文ムラの跡で、現在、御所野縄文公園として公開している。集落の様子は時期により異なるが、東ムラ・中央ムラ・西ムラにあった土屋根の竪穴建物、中央部の配石や盛土など主要な遺構を復元し、周辺の森も縄文里山づくりを進め当時の植生に再生しつつあり、縄文の原風景にふれることができる。

01 縄文里山の四季　春

長かった北国の冬が終わり、雪解けとともに、植物が少しずつ芽吹きます。山はまだ枯れたままの時期に忽然とあらわれるのがコブシの花です。あちらこちらで白い花が見えるようになると、それを合図に御所野遺跡が動き出します。

最初は遺跡中央の配石遺構に被せていた土をとりのぞく作業です。冬のあいだ、石の凍結を防ぐために被せていた土をとりのぞくのです。それが終わると、竪穴建物の屋根の土を叩き締める作業がはじまります。これは土屋根を維持するために欠かせない作業のひとつです。

土屋根竪穴をつくったのは御所野縄文公園がオープンする二年前でした。最初の三年間は順調でしたが、その後雨漏りがするようになり、カビが生えたり、なかには屋根材が腐食して折れたりするところが出てきました。

注意深く観察すると、その部分の屋根が下膨れになっていました。そのため屋根の中央付近にくぼみができて、そこに雨水が溜まり、なかに浸み込んでいたのです。

原因を調べたところ、冬から春先にかけての雪解け時に、屋根土が大きく変化していたことがわかりました。屋根にあった雪が日中の陽気で解けて、夜になると凍結するということを繰り返し、そこにくぼみができていたのです。なかでも日陰となる北側の屋根には毎年雪が残り、傷みが激しくなっていました。このような経験から春先にまず土屋根の叩き締めをおこなうようにしました。

さて、近くの山では最初にフクジュソウ、それからノビルやタラノキ、やがてワラビやウド、コゴミなどが芽吹き、雪解け水で元気をとりもどした沢でミズ、モミジガサなどがいっせいに芽吹きはじめると、縄文人の忙しい一年がはじまります。

植物の新陳代謝が活発になるこの時期は、縄文人がもっとも植物を利用しやすい時期でもあります。マタタビやサルナシなどの蔓を採取します。御所野遺跡の北側の崖には、マタタビの蔓が繁茂しています。マタタビの葉はところどころに白葉が混じり、キラキラ輝くので遠くでもすぐそれとわかりますが、このような葉が出る前に採取します。採取した蔓は一昼夜蒸して乾燥させてから編み物などの材料にします。サルナシは蒸すことで暗い茶褐色の蔓がみごとなオレンジ色に変身します。

やがて新緑が濃さを増し、ヤマブキの黄色い花が咲き乱れるころになると、御所野の台地の西を流れている馬淵川《まべち》の浅瀬で、腹を赤くしたウグイの産卵がはじまります。いろいろな回遊魚が戻るこのころ、馬淵川はいっきに賑やかになり、ウグイに続いてコイの産卵もはじまります。御所野遺跡では焼けたウグイの骨が出土しています。

春から夏にかけての大仕事は木の伐採です。石斧で伐採するには木肌の柔らかいこの時期が最適です。クリの木は建物の材料となり、シナノキからは縄づくりの繊維をとり、コナラは燃料材になります。伐採したコナラは現地で乾燥させます。家づくりの材料となるクリとシナノキは樹皮を剝ぎ、クリの樹皮はそのまま乾燥させ、シナノキの樹皮は水漬けにします。

春

縄文里山の四季

御所野遺跡の春は忙しい。
配石遺構を保護していた土をとりのぞき、
雪解けで傷んだ土屋根を叩き締め、
マタタビやサルナシの蔓を採取し、
クリやコナラの木を伐採する。

❶ 冬のあいだ配石遺構を保護するために被せておいた土をとりのぞく。

❷ 土屋根を叩き締め、冬のあいだに傷んだ箇所を修繕する。

春になり最初に
花をつけるのがコブシ。
土の中からは
フキノトウが芽を出す。
馬淵川ではウグイやコイの
産卵がはじまる。

❺ 石斧でクリの木を伐採する。木肌が柔らかい春が最適だ。

❹ 編み物の材料となるサルナシの蔓を葉が出る前に採取する。

❸ カゴの材料となるクルミの樹皮を石器で剝ぐ。

02 縄文里山の四季　夏

木々の緑がいっそう濃くなり、セミが鳴き出すころになると、崖際に生えていたニワトコの実が真っ赤に熟してきます。

御所野遺跡から出土した土器には、粘土にニワトコの種子が混ざっていたことを示す圧痕が見つかっており、ニワトコは縄文人の身近にあった植物のようです。実は熟すとそのまま脱粒するため、土器づくりの粘土に入ったということは、縄文人がニワトコを採取して竪穴などに持ち込んでいたのでしょうか。

ニワトコの実をなにに使ったのでしょうか。御所野遺跡に近い秋田県大館市にある池内遺跡では、大量のヤマグワやヤマブドウの塊とともに搾ったかすのような状態で出土しています。このことから生態学者の辻誠一郎さんは酒づくりに使われたのではないかと考えています。同じような出土状態で三内丸山遺跡でも見つかっています。ニワトコの果実は糖分が少ないので、糖分の豊富なヤマグワやヤマブドウを混ぜて発酵させたのかもしれません。

遺跡の北側には谷があり、その崖下を幅三〜五メートルほどの小川が東から西に流れています。このような小川やそれに注ぐ文流の小さな沢、あるいは谷底の湧水なども、縄文人たちの活動の場だったと考えられています。

春先に伐採したシナノキの樹皮は二カ月ほど、泥の多い淀んだ水に漬けておきます。そうすると剝がれやすくなり、内側の繊維を剝ぎ、水洗いして乾燥させます。この繊維で縄をつくります。シナノキの繊維は丈夫なためロープのように強くて長持ちする縄ができます。

谷の上流にある小さな沢には茎が少し赤っぽいミズやアカソが生えています。いずれも食料となりますが、アカソからは良好な繊維がとれます。一メートル弱ほどに伸びた茎をとって、葉っぱをそいでから、皮を剝いで繊維をとり出します。アカソの繊維も丈夫ですが、やや硬いので、衣服よりは容器などに使ったのかもしれません。なお、アカソはその名のとおり煮出した液に糸や布を漬けると、みごとなピンク色に染まります。御所野縄文博物館の代表的な体験学習のひとつです。

アカソの時期よりやや遅れてカラムシを採取します。カラムシも葉っぱをとって、茎の皮を剝ぎ、束にしてから水漬けして、その日のうちに繊維をとり出します。カラムシは柔らかいこともあり、御所野縄文博物館では衣服などに利用しています。

夏の川は比較的おだやかです。小魚のアブラハヤやカジカがこのころ産卵し、遡上するアユを追ってウナギやモズクガニなども遡上し、大きな岩の下の淀みなどに集まってきます。イワナやヤマメなどもこの時期から活発に動きまわり、秋の産卵に備えます。

御所野遺跡と博物館のある台地に駐車場から渡るつり橋（きききのつりはし）の下の谷には、大小の水場をつくって、水を使った体験学習をおこなっています。そのうちのひとつがホタルの沼で、毎年七月中旬になるとゲンジボタルやヘイケボタルが飛びかいます。

夏

縄文里山の四季

縄文人の植物利用にとって夏は大事な時期だ。ニワトコの実を採取したり、シナノキの樹皮やアカソ、カラムシの茎から皮を剥いで繊維をとり出し、縄やカゴ、布づくりの素材にする。

イチゴ／エビガライチゴ、または葉の裏が白いことからウラジロイチゴともいう。7月から8月にかけて熟す。

ニワトコ／春早い3月中旬には芽吹き、6月中旬から7月にかけて赤い実をつけたら収穫できる。

■カラムシの縄づくり（❶〜❹）

❶ 7月下旬から8月中旬にカラムシを刈りとる。

川沿いの沢につくった水場遺構。こうした場所も縄文人たちの活動の場だった。

アカソ／繊維をとることができるし、染めの材料にもなる。染めに使うときは、きれいな色を出すために7月上旬に刈りとった葉を使う。

アカソで染めた布。

アカソから丈夫な繊維をとるためには7月中旬から8月中旬に刈りとり、乾燥させて使う。

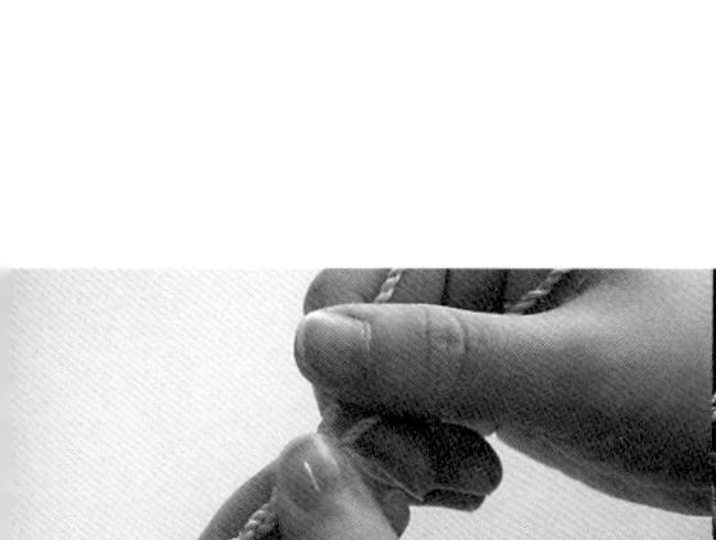

❹ 縄をつくる。土器の縄目文様に使う。

❸ とり出した繊維は乾燥させて保存する。

❷ 表皮を剝ぎとり繊維をとり出す。

03 縄文里山の四季　秋

秋は実りの季節です。縄文人の大切な食料となる木の実の収穫がはじまります。最初に木から落ちるのはオニグルミです。オニグルミは、台地北側の崖下の水気の多い場所に生育しています。夏の暑さが一段落して秋風が吹くころになると、ポタ、ポタと落ちはじめます。やがて秋雨が続き強い風が吹くようになると一気に落ちます。強い風の吹いた翌日などは、落ちた実を集めるために朝早くから忙しく動きまわることになります。

集めたオニグルミはしばらく土のなかに埋め、外皮が腐ってとれたころに掘り起こし、殻付きのままで乾燥させます。オニグルミは食べるときまで殻付きのままおけるのでもっとも保存しやすい木の実です。

オニグルミとともにトチノキの実も落ちはじめます。トチノキの実も硬い殻におおわれていて虫のつく心配はありませんが、食べる前にアク抜きが必要です。アク抜きは灰を使う場合と水だけの場合がありますが、いずれも北の谷につくった水場施設でおこないます。

トチノキの実の出土が増える時期は縄文時代中期後半、御所野縄文ムラの後半になってからです。トチノキの利用が増えるのと時を同じくして、竪穴内の炉が大きく変化します。それまで竪穴のほぼ中央にあった炉が入口近くにつくられ、しかも炉と入口のあいだが低く掘り込まれるようになります。トチノキの実の利用が増えたことでアク抜きの灰が大量に必要になり、炉を入口近くに寄せて、炉から灰をとりやすくするために低く掘り込んだのかもしれません。

トチノキの実よりやや遅れてクリの収穫がはじまります。クリは台地の上から山寄りの丘陵などにもあったと考えられます。

収穫の時期になると落ちたイガグリが一面に広がっています。クリの利点はアク抜きをしなくてもそのまま生で食べられることです。しかし、ほかの動物との競争となるため、すばやく収穫しなければなりません。また、収穫後はすぐ水に漬けたり煮沸したりして、なかにいる虫を殺さなければなりません。

マタタビやサルナシ、さらにはヤマブドウなど蔓物の実もつぎつぎと収穫の時期を迎えます。キノコもそうです。キノコは種類が多く、生えている木々やその環境によって収穫できる種類は異なります。

秋の川には産卵のためにサケが遡上してきます。馬淵川だけでなくその支流にも大量に上ったと考えられ、その時期はムラ人が総出で捕獲して冬の保存食にしたと思われます。御所野遺跡からは微量ですがサケの骨が出土しています。

今はあちこちにダムがつくられ、川で繰り広げられた文化が忘れ去られようとしていますが、もともと春から秋にかけて、産卵などで魚やカニが海に下ったり、川を上ったりしていたと考えられます。縄文人はそれらを捕獲するための施設をつくり、短期間に一気に捕ったと思われます。

こうして御所野の縄文人はそれぞれの実りを得て、冬へ備えたのでしょう。

秋

縄文里山の四季

秋は縄文人の大切な食料である木の実、クルミ、クリ、トチノキの実を収穫する。

クリ拾い
子どもも大人も夢中で拾う。

■土器づくり

❶ 土器に文様をつける。

❷ 薪を燃やし野焼きする。

❸ 焼きあがった土器。

体験学習「葉っぱアート」
集めてきた色とりどりの葉で作品をつくる。

トチノキの実は手間のかかるアク抜きをして粉にすることでようやく食料となる。

植物調査
上／ヤブツルアズキ（アズキ野生種）の栽培。
下／クリの木の栽培。堆肥を与えた場合と与えない場合で、木の成長や実の付き方を比較する。

バードウォッチング

04 縄文里山の四季　冬

　クリやケヤキ、コナラなど落葉広葉樹の多い御所野遺跡では、秋が深まるといっせいに枯れ葉が落ちはじめます。コナラやケヤキは紅葉が終わるとともに落葉し、クリは遅くまで葉をつけています。

　落葉が一段落し地面が茶褐色に染まるころ、御所野遺跡では毎年、秋の「クリーンデー」を開催します。ボランティアの人たちや小・中・高校生から一般の方まで地域住民二百人ほどが集まって遺跡内と周辺を清掃します。

　団体で参加しているところもあり、オレンジやグリーンのユニフォームが遺跡のなかを動きまわり、あっという間に枯れ葉が集められます。最後は、ボランティア団体「御所野発掘友の会」のつくった郷土料理を全員で食べて解散です。

　やがて北風が強まり、わずかに残っていた枯れ葉もほとんどなくなるころ、降った雪が解けずに根雪となります。遺跡ではその前にしなければならないことがあります。冬支度です。

　そのひとつが遺跡の中央部にある配石遺構の石の養生で、あらかじめ用意していた土を配石遺構のそれぞれの石に被せます。この作業は遺跡が発見されてから三〇年以上続けており、今では御所野遺跡の欠かせない年中行事となっています。

雪におおわれて銀世界になると、雪面に訪問者の活動が記録されるようになります。御所野遺跡には動物の好む木の実が多いこともあって大小の動物が遺跡にやって来ます。ほぼ一年中やって来ますが、冬になるとその活動の足跡が雪面に残されるようになります。キジやヤマドリ、カモシカ、リス、キツネ、タヌキなどです。キジやヤマドリなどはつがいでもやって来ます。なかには竪穴建物の土屋根のてっぺんまで行き、一度そこで立ち止まってから下にもどり、反対方向に続いている足跡があります。竪穴建物のてっぺんでしばらく雄大な冬景色を楽しんだのでしょうか。こんな足跡も冬の弱い太陽が昇るころには、遺跡の見学に訪れた人たちの足跡に消されてなくなってしまいます。

御所野遺跡は年間を通じて公開しており、冬でも見学者が訪れます。復元した竪穴建物は自由に入れます。建物の保護のために週に三、四日は炉で火を燃やしているため、季節ごとの生活が体感できます。燃やす薪は縄文の森で春に伐採して乾燥させておいたコナラです。竪穴建物は大、中、小の計一二軒あり、一日に燃やす薪は一〇キロほどにもなるでしょうか。

冷たい風が吹き続ける冬のあいだも火を燃やし続けているからでしょうか、竪穴建物のなかは予想以上に乾燥していて暖かいです。もともと岩手県北部はそれほど積雪が多くはないですが、降雪が続き屋根がすっぽりと雪でおおわれるようになると、なかの温度は一定してきます。

御所野遺跡で発見された竪穴建物跡は、やや太い柱が使われ、しかも柱穴が深く掘られていることから、それを忠実に復元した竪穴建物は雪が積もってもびくともしません。それでも雪解けの時期になっていつまでも屋根に雪が残るのは土屋根竪穴にとっては好ましくないことがわかったため、二月から三月にかけて何回か屋根の雪下ろしをします。

冬

縄文里山の四季

晩秋のクリーンデーに遺跡内と周辺の清掃をし、一面雪でおおわれる冬も御所野遺跡の活動は止まらない。復元した竪穴建物の炉では火を焚き、何度か土屋根の雪下ろしをする。

クリーンデー／秋の枯れ葉がほとんど落ちたころ、遺跡の清掃活動をおこなう。町民だけでなく、遠くから駆けつける人もいて総勢 200 人以上になる。

建物は雪が積もってもびくともしないが、土屋根の保護のために 2 ～ 3 月に雪下ろしをする。

昼食はボランティアさん手作りの食事を全員でいただく。

竪穴建物では冬のあいだも週に３～４日、炉で火を焚く。

雪におおわれた冬も
御所野縄文公園は公開しており、
多くの見学者が訪れ、
大小の動物もやって来る。

冬の凍結による石の劣化を防ぐため、配石遺構に土を被せて保護する。

05 縄文里山とは

人が住み続けると、まわりの自然は少しずつ変化していきます。木を伐採すると鬱蒼《うっそう》とした森が開け、それまで成長を抑えられていた木々や林床植物のなかで光を好む植物が活気づきます。

つぎつぎと新芽があらわれ、新陳代謝が活発になり、森全体が豊かになります。若返った植物は勢いよく水を吸うことで森の保水力が高まり、貯えられた水は清水となって川に注ぎます。豊かな森の恵みを求めて動物たちも集まってきます。人が育成と利用をくり返すことで循環する安定した森となっていくのです。

人が定住するとムラができます。竪穴建物などの施設がつくられ、季節ごとの自然の変化と一体となった生活が定着することで、ムラのまわりの環境が変わっていきます。施設の近くに生えていた丈の長い草は少しずつ短くなり、やがて草原状の景観へ変わります。

このように縄文人によって人為的につくり変えられた景観を「縄文里山」と呼びます。

御所野では、縄文人が数年、数十年単位で自然に関わることでムラが長期にわたって継続したと考えられています。

縄文時代中期の集落跡である御所野遺跡では、発掘調査によって、建物跡や貯蔵穴、墓などの施設があったことが明らかになるとともに、粘土採掘坑跡など縄文人の活動の痕跡が大地に残っています。また、土器や石器などのほか、焼かれて残った木の実や獣骨などからも生活の一面を確認することができました。

このような発掘調査で見つかった資料をもとにして、縄文時代のムラとその周辺の景観を再現しようという事業が、御所野遺跡で取り組んでいる「縄文里山づくり」です。

御所野遺跡の特徴は、遺跡の周辺に大きな川とその支流沿いに小さな沢がいくつも連なり、その背後に森があるというように変化に富んだ土地に立地していることです。しかもその周辺は地滑りなどでくぼんだりした複雑な地形となっています。

低地や崖、台地、丘陵地、森などには、それぞれに適した樹木が生育していたと思われます。このような複雑な地形に生える植物のうち、自分たちに有用なクリやトチノキ、クルミ、ウルシなどを増やしていったと思われます。

現在の御所野遺跡周辺も自然景観に恵まれており、縄文時代と共通する植物が多く生育しています。縄文里山づくりの第一歩として、ボランティア団体が中心となって現状の植生を調査しました。それによると高木が四二種、灌木三〇種、草本一五九種、蔓一二種となっています。

そのなかで縄文時代に遺跡の近辺にはなかったと考えられるスギやカラマツ、マツなどについては、可能なかぎり伐採し、縄文人が積極的に利用したクリやウルシ、オニグルミ、コナラなどを増やすことにしました。

縄文里山の復元計画

御所野遺跡では発掘調査で見つかった資料をもとにして、縄文人が定住することでつくられた御所野ムラとその周辺の景観を再現する取り組みが進められている。

Ⅰ区（縄文の森北側）
建築材と薪炭材の調達のため、クリ、コナラを植栽。

Ⅱ区（縄文の森南側）
用具材の調達のため、ヤマグワ、サクラを植栽。

Ⅲ区（遺跡北西端）
食料の調達のため、北側にクリを植栽、南側の西ムラ周辺にキイチゴ、エゾニワトコを植栽。

西から、手前に配石遺構と中央ムラ、奥に東ムラを望む。

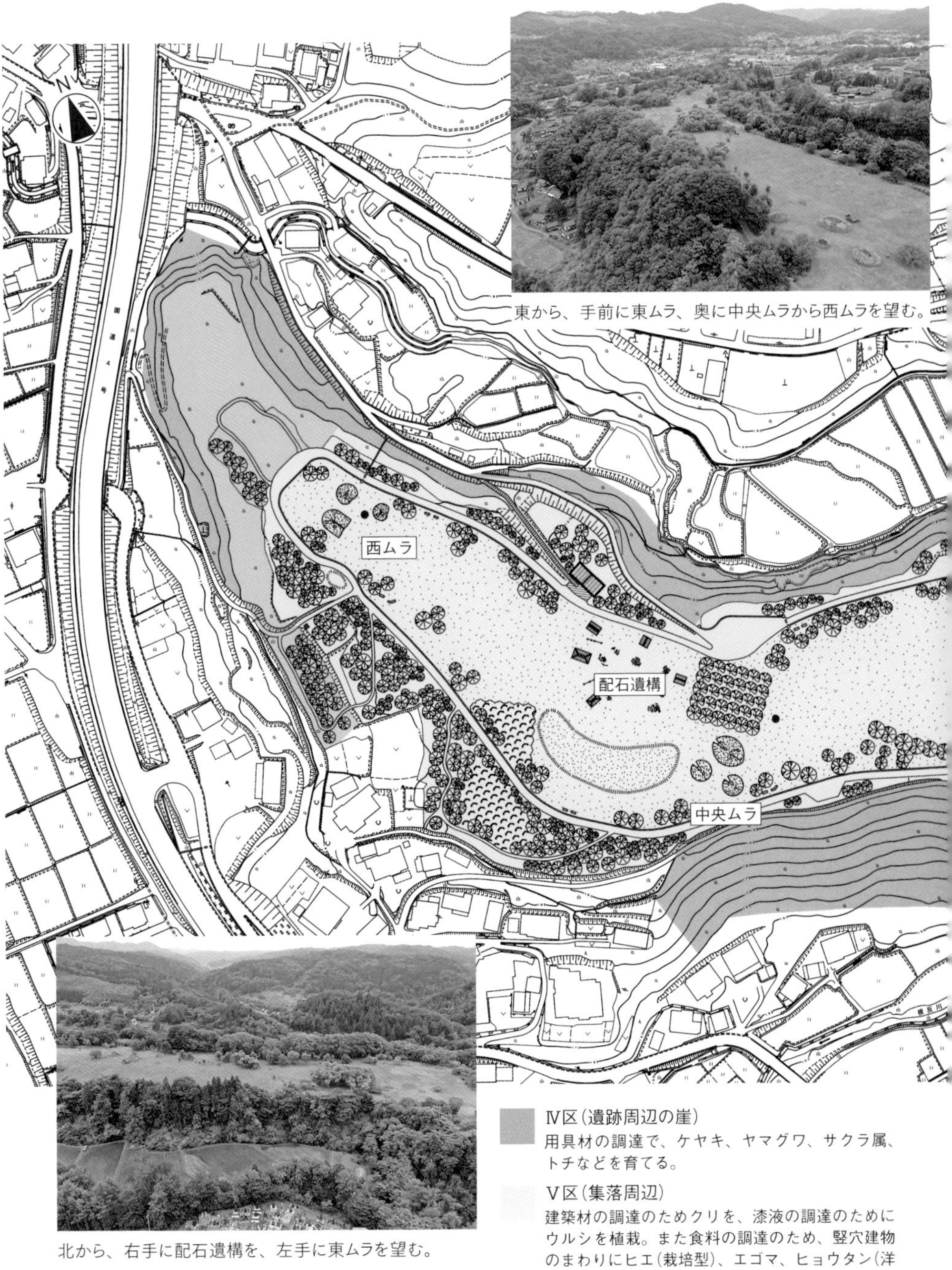

東から、手前に東ムラ、奥に中央ムラから西ムラを望む。

北から、右手に配石遺構を、左手に東ムラを望む。

Ⅳ区（遺跡周辺の崖）
用具材の調達で、ケヤキ、ヤマグワ、サクラ属、トチなどを育てる。

Ⅴ区（集落周辺）
建築材の調達のためクリを、漆液の調達のためにウルシを植栽。また食料の調達のため、竪穴建物のまわりにヒエ（栽培型）、エゴマ、ヒョウタン（洋ナシ形）、ノビルなどの草本植物を植栽。

Ⅵ区（北側の谷）
トチの実にアク抜きをおこなう水場を復元。

06 土に残る記録

遺跡からはそこで使われた土器や石器が出土しますが、有機物は時間の経過とともに腐朽して消えてなくなります。しかし、一定の条件、たとえば空気が遮断された湿地などでは、有機質の遺物がそのまま出土します。そうして残った植物質資料から、周辺の自然環境が推定できるようになってきました。

肉眼では見えませんが、顕微鏡を使って、その時代の地層に含まれている植物化石から周辺の環境を推定する研究がおこなわれています。植物珪酸体《しょくぶつけいさんたい》（プラントオパール）分析や花粉分析です。

植物珪酸体とは、植物の特定の細胞に沈積し固化したガラス質の鉱物のことで、植物の種類・細胞によってその形態が異なるため、どのような植物のどの部分の細胞なのかを同定することができます。とくにイネ科植物には植物珪酸体をつくる細胞が多いので、その種類を同定することで、過去の草地の植生を復元することができるのです。

御所野遺跡では、各時代の地層が比較的よく残っている五カ所で土を採取し、植物珪酸体分析をおこなっています。

なお、いつの時代の地層かを明らかにするうえで、北東北では、十和田火山を起源とする火山灰が手がかりとなっています。なかでも御所野遺跡では、五九〇〇年前に降下した中掫《ちゅうせり》火山灰の以前・以後によって地層を区分できます。さらに、縄文時代後期以降に形成されるクロボク土、さらに黒色土のなかの灰白色の帯、あるいはいくつかの塊となって混入している十和田a降下火山灰（西暦九一五年に降下）などの火山灰が時期区分の目安となります。

さて、植物珪酸体分析によると御所野台地は、縄文時代前期中葉までは一面が森林で、前期中葉になって開けた草原状の景観となったようです。つまり、御所野縄文ムラが営まれた縄文時代中期は草原状の景観だったと考えられます。そして平安時代以降になると森林が減少して、アワ、ヒエ属、さらに陸稲などの栽培がおこなわれたようです。

花粉分析は、土壌から花粉を抽出し、種類の同定と土壌ごとの量的な変化をとらえることで、過去の植物とその変化を分析するものです。湖底や海底などの低酸素環境に堆積した場合、花粉は分解しないで化石となって何万年も残ります。花粉細胞は大きさ、形、発芽口、さらに表面模様なども変化に富んでいるため、植物の種類を同定することができるのです。

御所野遺跡では西側の崖際で古くからの土層が残る場所を確認しており、ほぼ一万年以上前の時代から現代までの土壌を採取して分析しました。それによると縄文時代前期ごろからクリの花粉が、五九〇〇年の中掫浮石の降下前後からトチノキの花粉が土壌に含まれていました。

こうした植物珪酸体や花粉分析の情報から、御所野台地はもともと森林であったのが、縄文時代前期中ごろから開けた空間となり、周辺にクリやトチノキが生育するとともに、草原状の景観がつくられたと推定されました。

自然環境をどう解明するか

縄文時代の地層が良好に残っている地点から土壌を採取し、植物珪酸体（プラントオパール）や花粉をとり出しその植物を同定して、当時の植生を明らかにする。

遺跡のなかで各時代の土層がよく残る5カ所を設定してボーリング調査を実施した。

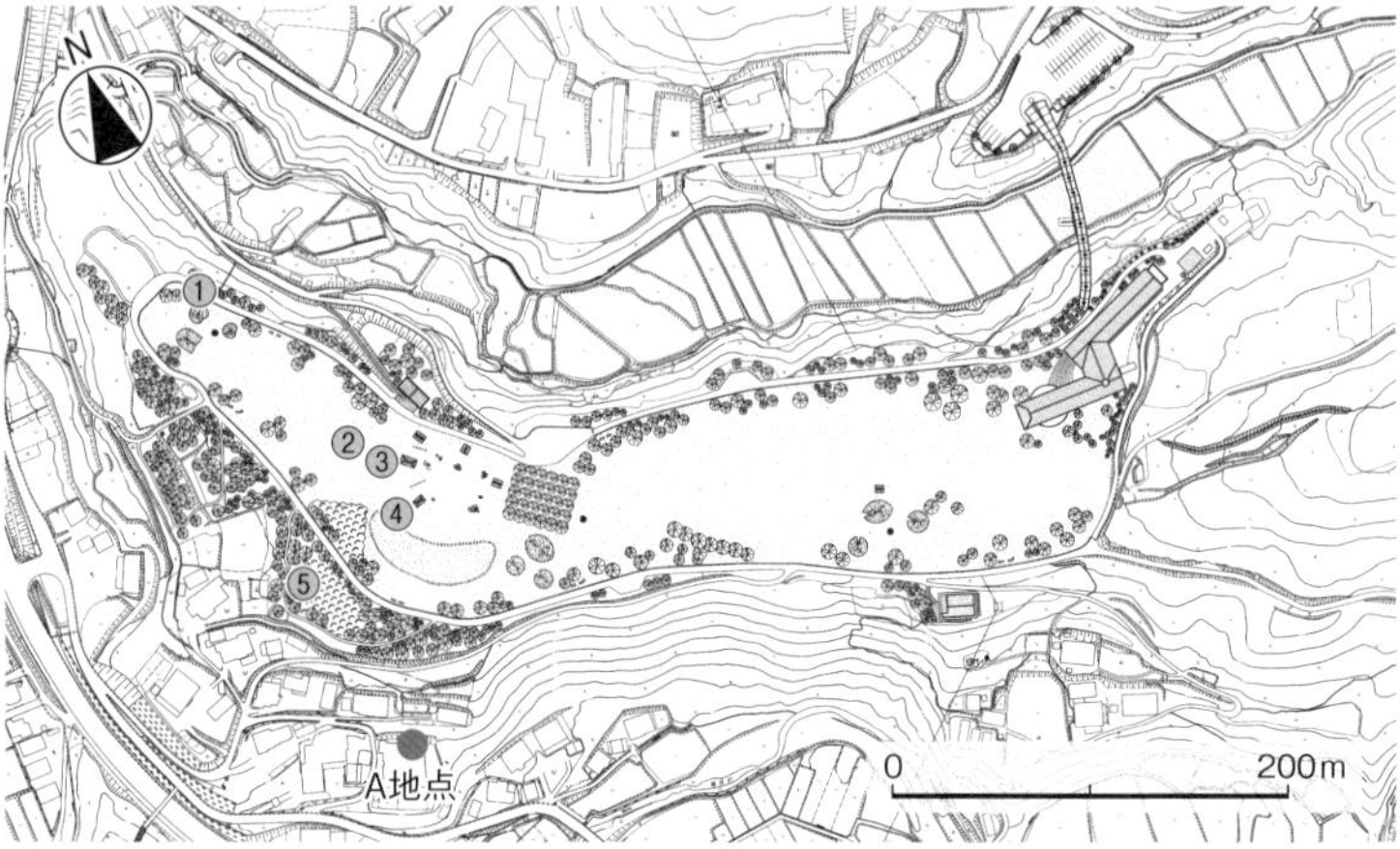

ボーリング調査地点（①〜⑤）。A地点は花粉分析のサンプル地点。

①地点の植物珪酸体分析

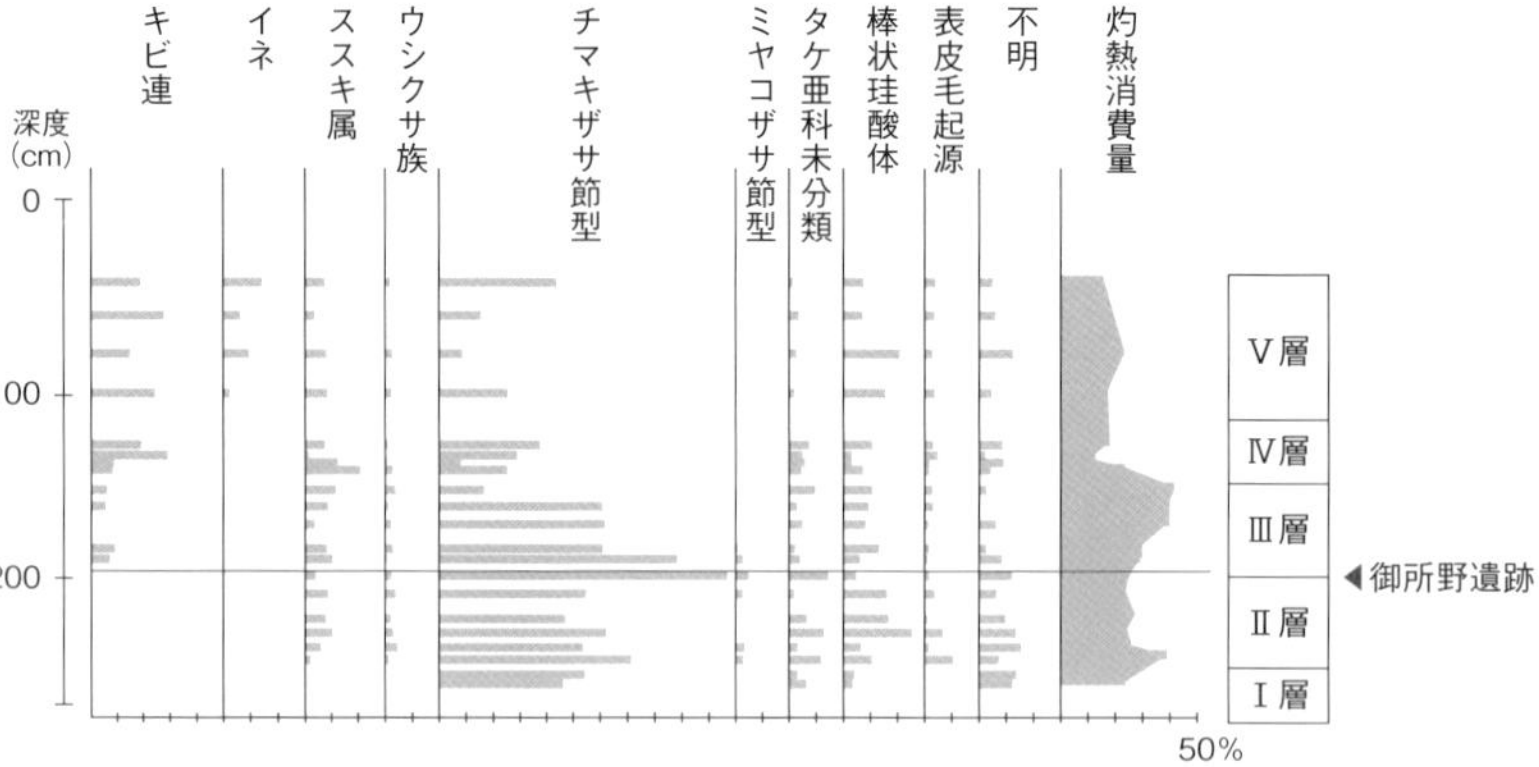

Ⅰ・Ⅱ層ではチマキザサ節が多いが、Ⅲ層以降しだいに減り、キビ連が増加する。Ⅴ層になると新たにイネが含まれる。御所野縄文ムラが営まれたのはⅡ層とⅢ層の間あたりになる。

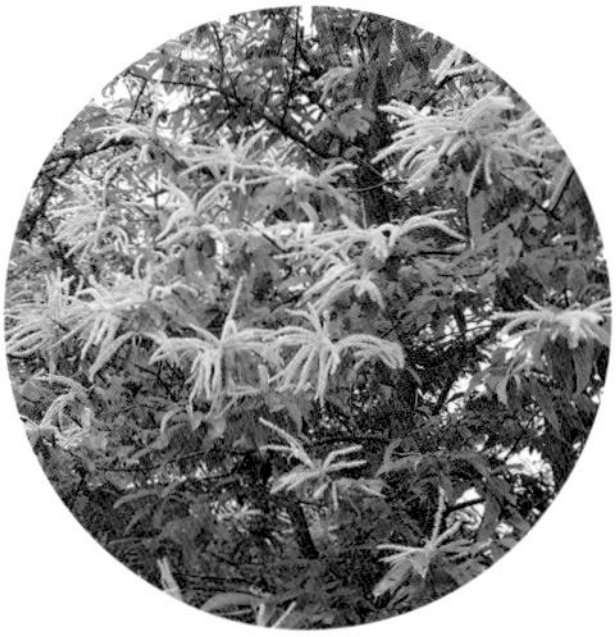

クリの花

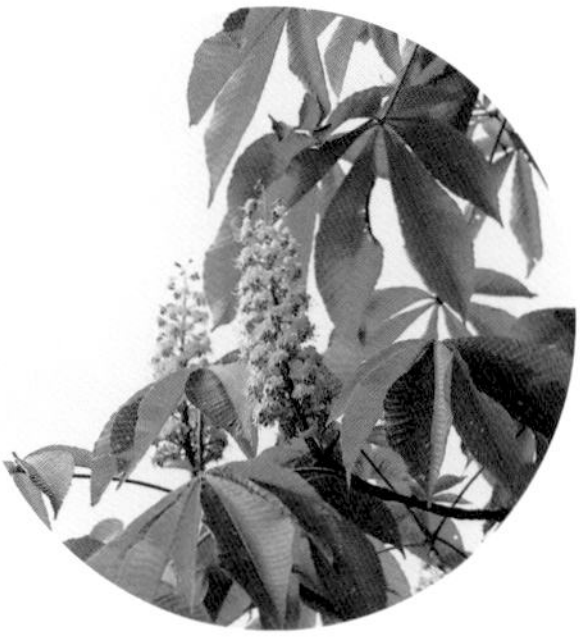

トチノキの花

検出された
花粉化石

1 クルミ
2 コナラ
3,4 トチノキ
5,6 クリ近似種
7,8 ウルシ
9 アサ

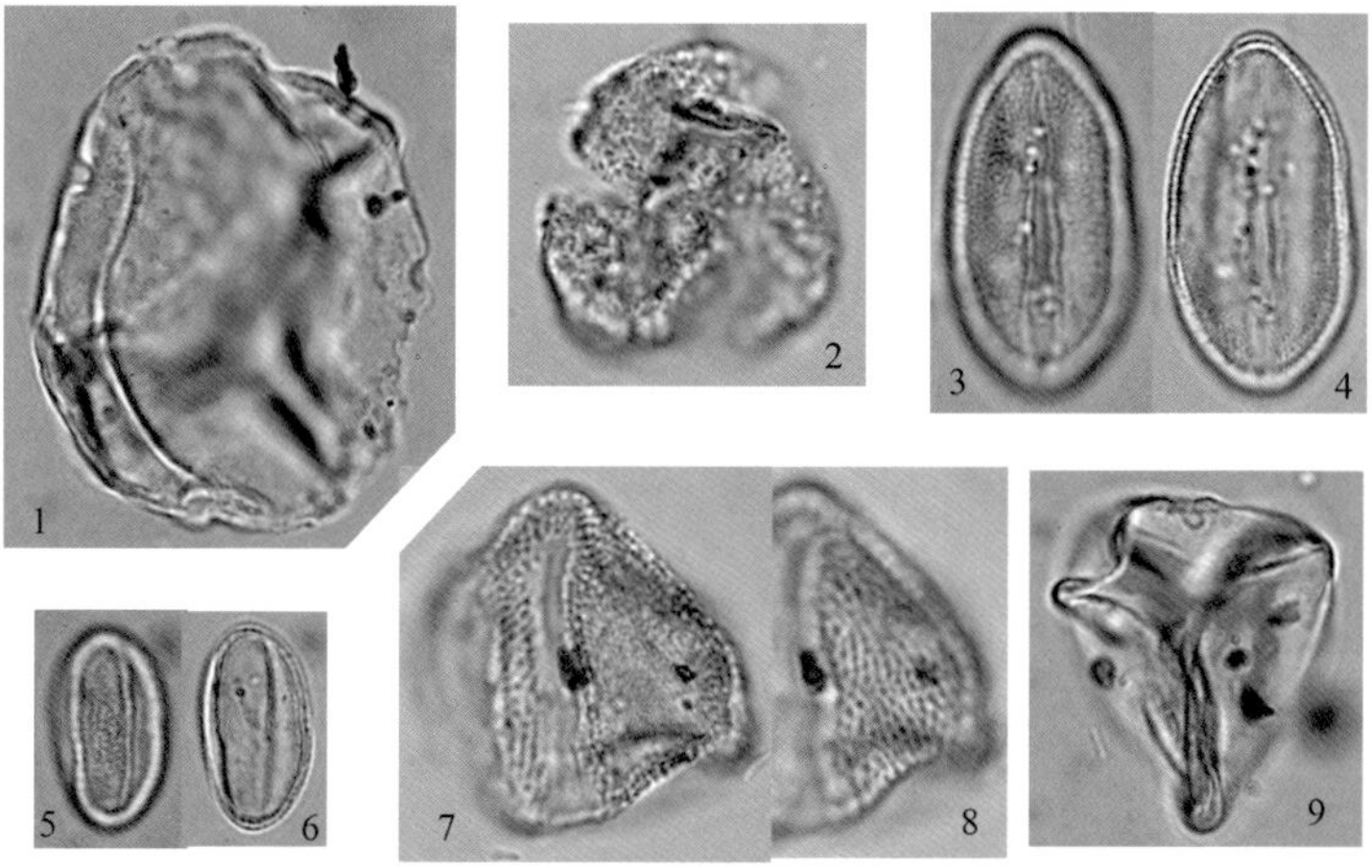

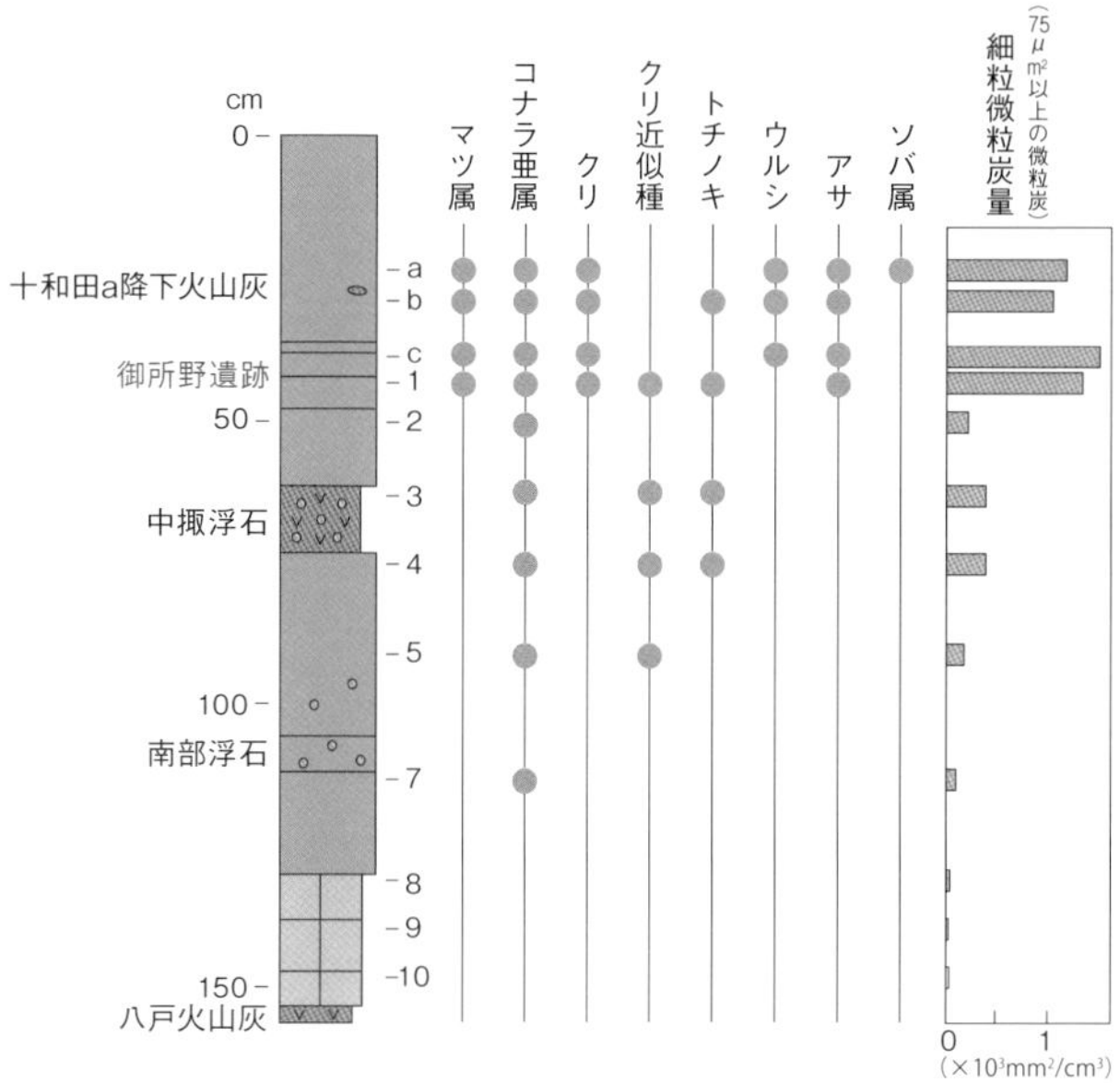

右上地図のA地点から検出された主要花粉と細粒微粒炭量。御所野縄文ムラの営まれたころからはクリ、トチノキ、コナラ、ウルシ、アサなど多様な花粉が検出された。

07 木を育てる

現在、御所野遺跡とその周辺にはさまざまな木が生えています。

北側の崖にはオニグルミやヤマグワ、キタコブシ、カツラ、ニワトコが、そしてそれらの木々にマタタビやヤマブドウなどの蔓がからまっています。

南側の台地の崖際には、樹齢一〇〇年以上のケヤキの大木が道に沿って並立しています。その下の崖にもケンポナシ、コナラ、キタコブシ、サクラなどの木が広がっています。

東側の丘陵には、ケヤキのほかクリ、ウルシ、コナラ、ホオノキなどが混じっており、「縄文の森」と呼んでいます。

遺跡中央部にはもともとクリやウルシの植林地があり、発掘調査がはじまったころ（一九八九年ごろ）は小さな木だったのが、三〇年以上たった今では大木になって、御所野になくてはならない存在となっています。

遺跡公園の整備（一九九七年〜二〇〇一年）では、発掘調査で出土した種類の樹木を中心に木を植えましたが、できるだけ実のなる木を優先しました。トチノキやコナラ、イタヤカエデ、ニワトコ、ヤマボウシ、ケンポナシ、トネリコなどです。このような実のなる木が増えると鳥たちがやって来ます。また、北西端や東側にあったカラマツやスギは伐採しました。

二〇一〇年からは、地域住民や一戸南小学校の三～六年生で構成する「御所野愛護少年団」などと協力して「縄文里山づくり」が本格的にはじまりました。

最初は縄文の森の北側でクリとコナラを育てることにしました。愛護少年団では、まず学校でコナラやクリの実をポットで二～三年間育て、その後、二五～四〇センチほどに成長した苗を御所野縄文公園に移植しました。クリが一四本、コナラが五四本です。

木を増やすには、種子を植えて苗を育てる方法と、木を伐採した後の根元や根から新たに出る萌芽を育てる方法があります。

御所野遺跡の東側にはなだらかな丘陵「縄文の森」は陽当たりもよく、木を育てるには格好の場所で、古くから森として利用されていました。最近ではカラマツを植林しており、かなりの太さになっていましたが、縄文時代にカラマツがなかったということで伐採しています。

カラマツを伐採すると、そのあとからコナラなどの落葉広葉樹がつぎつぎと芽を出してきました。コナラのほかにクリやホオノキ、ケヤキなどもあります。土中に埋もれていた種子が目覚め、まわりが開地となったというもあって一気に伸びたのでしょうか。

競って上へ、上へと伸びたようで、一〇年以上たつと枝があまりない細く長い木になりました。それがあまりにも不自然だったこともありコナラも伐採しました。そうすると木の下に足の踏み場もないほど小さな芽がいくつも出てきました。ところが二～三年もすると大半の芽がなくなり、育つのは数本になってしまいました。

このように木を伐採して新たに出る萌芽を縄文人は上手に利用して、自分たちに必要な木を選んで育てていたのかもしれません。

縄文の森づくり

小学生が御所野縄文公園でクリやコナラの実を拾ってポットに入れ学校で育てる。そして数十センチに育った苗を御所野縄文公園に植えていった。

成長した苗木を公園に持ち寄り植栽する。植栽には大人のボランティアが一緒に手伝う。

小学生が御所野縄文公園で採集したコナラ、クリの実を学校で育てる。

大きく育ててから植えるもの、1～2年で植えるものもあり、大きさはまちまち。

建築用の真っすぐで太いクリの木に成長させるため枝下ろしをする。

植栽して９年後の育ったクリの木（「縄文の森」北側）。枝が陽のあたるほうに伸びている。

数年たつと大半の芽はなくなり、下草を刈るなどして残った木を大きく育てる。

コナラの木を伐採した後に、足の踏み場もない大量の芽が出る。

08 住居をつくった木は

御所野遺跡のような台地では、縄文時代の生の木材がそのまま出土することはありません。出土するのは焼けて炭になった場合です。御所野遺跡では焼失した建物跡がいくつも発見されていて、その樹種を調べることで、縄文人が家を建てるのに、どのような木材を利用していたのかがわかります。

焼けた建物跡を一九棟調査しています。残っていた炭化材のうち、九二〇点について樹種同定をしたところ、七七二点がクリでした。全体の約八四パーセントになります。炭化材は大半が建築材と考えられますが、クリの木を徹底して使っていることがわかります。近くにクリ林があったことはほぼまちがいないでしょう。

クリのほかにはオニグルミ、サクラ属など、さらにコナラ節、ケヤキ、ニレ属、ヤマグワなどが数点ずつ、そのほかハリギリ、ケンポナシ属、ナシ亜科、カエデ属、トチノキ、キハダ、ヤマウルシ、ニガキ、さらにはトネリコ属、アサダなど一六種類の炭化材が出土しています。いずれも落葉広葉樹で、現在のところ針葉樹はまったく出土していません。遺跡のすぐ近くに針葉樹そのものがなかった可能性もあります。

このように焼けた建物跡の調査から、遺跡のある台地や丘陵地から山、さらには周辺の崖や崖下の谷底平野などには、少なくともこのような樹木が生育していたと考えられます。このような森林は、縄文人が意図的に利用することによってできた二次林だと考えられており、「縄文里山」と呼んでいるわけです。

ちなみに、クリの木は、建築材として利用する場合と実を収穫する場合では、育て方が異なります。おそらくそれぞれに育成の仕方があり、建築材として利用するクリの林では早くから枝おろしなどの手入れをしていたと考えられます。いずれ発掘された樹木を詳細に検討することで、どのような縄文里山が創出されたのかが見えてくるでしょう。

ところで、御所野遺跡では縄文時代よりも新しい奈良時代や平安時代の竪穴建物跡も見つかっています。なかには焼失した建物もあり、そこから大量の炭化材が出土しています。樹種はトネリコ属が多いのが特徴的です。

周辺の遺跡でも、古墳時代末から奈良時代初めの北館B遺跡ではヤチダモが多く、ついでコナラ節、サクラ属などを併用しています。御所野遺跡の近くにある奈良時代の田中遺跡と小井田V遺跡では、九〇パーセント以上がコナラ節であり、クリはほとんど使われなくなります。平安時代前半の田中遺跡と上野遺跡では、合わせて一四八点の炭化材を調査していますが、そのうちクリは一〇点だけでした。

古代の建物も縄文時代と同じく竪穴式であり、柱は土に埋められたと考えられますが、なぜかクリは利用されなくなりました。このことは逆に、縄文時代がその後の時代と比較してクリへのこだわりが徹底していたことがわかります。

竪穴建物から出土した木

御所野遺跡では焼けた建物跡が出土する。竪穴内に残された炭化材を調べると、クリ材が圧倒的に多く、近くにクリ林があったことはまちがいない。

焼失した竪穴建物の発掘調査

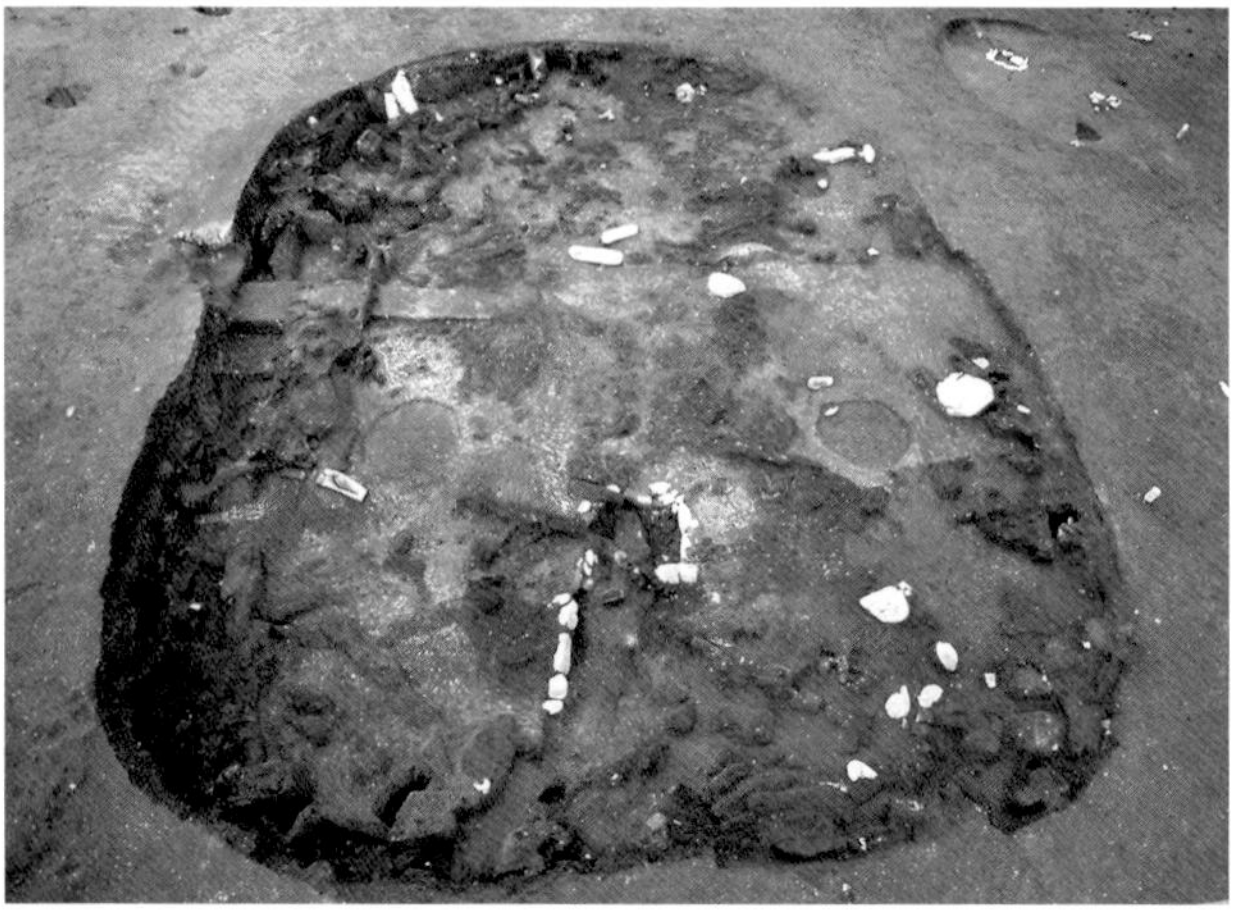

大型建物跡の炭化材の出土状況

小型建物跡の炭化材の出土状況

建築材に使用するクリ林

ケヤキ

トチノキ

09

なぜ建物にクリを使ったのか

なぜ縄文人はこのようにクリを利用したのでしょうか？

縄文人がクリ材を利用しているということがわかってから、博物館の展示品とするために、縄文時代と同じように石斧でクリの木を伐採しました。

御所野遺跡では一〇七点の石斧が出土しています。御所野で使われた石斧のごく一部と考えられます。完形品は三二点で、それ以外はいずれも折れていました。

石斧の柄には、木の枝をそのまま生かした鉤型《かぎがた》の膝柄《ひざえ》と、真っ直ぐな材をくりぬいた直柄《なおえ》という二種類が縄文時代の遺跡から出土しています。前者は石斧をソケット式に組み合わせて縄で固定するのにたいして、後者はくりぬいた穴に石斧を差し込んで固定します。

実験では、直径二五センチほどの木を伐採してみました。最初の一撃は表面に皮がついた状態のところを打ち込むため、石斧はなかに深く入りませんが、数回続けることでなかをえぐりとれるようになります。

いろんな方向から打ち込みを続けます。少しずつ切断面がとんがってきて、やがて木全体が倒れます。木に打ち込む時の角度によって、石器に不規則な衝撃が加わる場合があり、そのことで折れたり、刃こぼれしたりしたと思われます。

御所野遺跡の出土品のなかには、刃部の片側が刃こぼれした後に研いだ痕跡が残っている石斧もあります。伐採実験では一定の回数を打ち込むと刃が鈍くなることがわかりました。そのつど研ぎながら使用しました。

さて、一般的な竪穴建物の柱になる径一五～三〇センチのクリの木は、伐採するのに晩秋では二〇分ほどかかりましたが、春に伐採したところ五～六分で切り倒しました。晩秋にはコナラも伐採しましたが、クリの木の倍近くの時間がかかっています。

このように実験で、伐採する時間は季節や木の種類によって大きく異なることが明らかになりました。縄文人はこのようなことを考慮して伐採時期を決めていたのかもしれませんし、クリを徹底して利用した要因のひとつは、クリが石斧での伐採に適していたからなのかもしれません。

さて、伐採したクリの木は北側の谷につくった水場に虫殺しのために一〇本ほど水漬けしたところ、数日して水が真っ黒に濁りました。クリに含まれているタンニンが染み出したのです。タンニンは、植物の酸化を抑えるポリフェノール化合物の一種でクリ材の腐食を防いでくれるようです。

縄文時代の建物は、土を掘った竪穴式だということもあり、部材が直接土にふれるところが多く、木材が腐りやすいので、縄文人はクリ材が腐りにくいことを経験的に知っていて多く使用したと考えられます。

クリの木を伐る

御所野縄文博物館では復元した石斧を用いて、樹木の伐採実験をおこなっている。木がさかんに水を吸う春ならば、径二〇センチほどのクリの木を五～六分で伐れる。

出土した磨製石斧

復元した
膝柄の石斧

復元した直柄の石斧

復元した石斧による伐採実験

クリの木の伐採されていく様子

不規則な衝撃が加わると刃こぼれする

石斧と現代の金属製斧の切れ方のちがい

クリの巨木の伐採実験

東京都立大学と真脇遺跡縄文館、御所野縄文博物館合同で、クリの巨木の伐採実験をしました。径 70cm、高さ 20m のクリの木を5人で石斧を交互に打ち込み 4 時間で伐採し、楔（くさび）を用いて断ち割った。

伐採前

伐採中の計測

伐採直後

半截（はんさい）のための楔の打ち込み

半截作業で両側から楔を打ち込む

ほぼ半截されたクリの木

10 土屋根の竪穴建物

御所野遺跡では焼けた竪穴建物跡の調査で屋根に土がのっていたことが確認されており、そのように復元しています。

土屋根の竪穴建物は、あらかじめ地面を掘り下げてから掘った土を竪穴のまわりに盛り上げて周堤《しゅうてい》とします。竪穴のなかには柱を立てて、桁《けた》や梁《はり》を組んで周堤から竪穴の中央に叉首《さす》を伸ばして、その上に棟木《むなぎ》をのせて固定します。叉首と叉首の間には横木を密に入れ、その上に樹皮を敷いてから土を被せます。屋根の大半は土でおおわれますが、頂部は樹皮で仕上げます。

縄文時代の竪穴建物一棟を建設するのにどのくらいの木が使われるでしょうか?

御所野縄文博物館では、東京都立大学と共同で建物復元の実験をおこない、材料の総量を記録したことがあります。それによると、直径五メートルのほぼ円形に近い竪穴建物を建てるためには、直径二〇センチ、長さ一五メートルの木が三〇本ほど必要だということがわかりました。予想以上に木材が必要です。

御所野遺跡では今までに一〇〇棟以上の竪穴建物跡を調査しています。そのうち建物の全容を把握できる竪穴の面積を比較したところ、竪穴には直径一〇メートル以上の大型竪穴、五~七メートルの中型竪穴、三~四メートルの小型竪穴という三種類があることがわかりました。

以上の竪穴のなかには、柱穴や柱痕跡から柱の太さを推定できるものがいくつかあり、それによると柱の太さは、大型竪穴では二五〜三〇センチ、中型竪穴では二〇センチ前後、小型竪穴では一五〜二〇センチとなります。

柱の太さは各時期によって異なっていますが、大型竪穴の場合は古い時期ほど柱穴の規模が大きく、柱も太くなるようです。それにたいして中型と小型の場合は、時期や規模によるちがいはそれほどないようです。柱のほかに桁や梁、さらにはひとまわり細い叉首、垂木《たるき》、エツリなどいろいろな太さの木が必要になります。

伐採した木はすぐに樹皮を剥ぎます。樹皮付きのままだと虫が入り、なかから腐食してしまうからです。樹木を伐採したり、樹皮を剥ぎとったりするには樹木が活発に新陳代謝をくり返している春から夏がいいようです。秋以降は樹木が硬くなって伐採に時間もかかるし、樹皮も剝がれにくくなります。木は伐採したらそのまま乾燥させるか、あるいはねじれや割れなどを防ぐため水につけて陰干しをしてから使用します。

土屋根建物は屋根に土がのることから傷みやすいこともあり、建物の維持管理のための手入れが必要となります。なかでも北国では冬の凍結によって緩んだ土の上に、強く雨が降ることでしだいに雨漏りがして屋根が腐食してしまう場合が多いようです。

このようなことを防ぐために御所野縄文博物館では、冬の間には雪下ろしをして、春になると屋根土の叩き締めなどをおこないます。

竪穴建物の復元

柱や桁、梁、その他の材を含めると、大型の竪穴建物を建てるのに、直径二〇センチ、高さ一五メートルの木が一五〇本以上必要なことがわかった。

建物に使うクリの木／森の中では真っすぐ上に伸びている。

実をとるためのクリの木／御所野遺跡では、集落の近くの開けた場所には実のなる木が多く、枝が横にのびている。

竪穴建物の復元

❶ 竪穴を掘り下げ、柱を立てる。❷ 桁、梁を組んでから叉首を組み、その上に密に横木をのせる。❸ 横木を樹皮でおおう。❹ 屋根に土をのせ叩き締める。

復元竪穴建物の内部

修理後の中型竪穴建物／部材は再利用のものと新規のものを併用する。周囲の堰板は下を焼き込み腐食を防ぐ。

大型竪穴建物／柱・桁・梁などの構造材は中型竪穴建物とくらべてひとまわり大きい。

11 縄をつくる

縄文時代の建物を復元するには、柱や桁、梁といった木材だけでなく、それらを結束する縄を大量に必要とします。御所野遺跡では、径四×五メートルで床面積が一四平方メートルの小規模な竪穴建物の復元でも、一束一〇〇メートルの縄が一四束必要でした。

縄文時代、建物を建てるときにどのような縄を使ったのでしょうか？

福井県若狭町の鳥浜《とりはま》貝塚をはじめ全国の縄文時代の遺跡から一五〇点以上の縄が出土しています。素材で多いのはシダ類で、北陸ではリョウメンシダ、西日本ではワラビです。そのほか東北地方や北海道ではマタタビやヤマブドウの蔓、さらにはカバノキの樹皮でつくった縄などが出土しています。

樹皮でつくったもののなかにシナノキの縄があります。鳥浜貝塚や北海道小樽市の忍路土場《おしょろどば》遺跡からも出土しています。シナノキの縄は一度に大量につくることができ、しかも丈夫で、つい最近まで利用されていました。

シナノキは東北地方では「マダ」、あるいは「マダノキ」と呼ばれ、樹皮からとり出した繊維を農作業で使う蓑《みの》などいろいろなものに利用していました。昭和三〇年代ごろまでは、遺跡周辺の農家でも簡単な小屋づくりなどに使っていました。そうしたことから御所野遺跡では、建物復元にシナノキの樹皮からつくった縄を使っています。

シナノキはおもに尾根から山腹に生育する落葉広葉樹で、樹皮は外側の硬い外皮と柔らかい内皮があり、よく利用されるのは内皮の繊維です。

御所野遺跡でおこなっている縄づくりを紹介しましょう。まず利用する木は樹齢二〇年から二五年ほどのものがいいようです。老木は繊維が硬くなり、なかにはまだら状に穴があいたりするものもあり、縄にすると強度がやや弱くなります。

もともとシナノキは柔らかい木で、石斧でもそれほど時間をかけずに伐採できますが、夏の直前であれば伐採をしないで立ったままで樹皮のみを剝ぎとることもできます。

木から樹皮を剝がすのはたやすいですが、外皮から内皮を剝がすのが困難です。剝ぎとった樹皮を一定の長さに切って一〜二カ月ほど水に漬けます。冷たい水より温かい水のほうが早く剝がれるので、流水ではなく、淀んだ水溜まりなどに入れます。

剝がれやすくなったら、外皮から内側の繊維部分を剝ぎとり、清流で水洗いします。繊維についているヌルヌルの樹液を洗い落とすのが目的で、普通の川では繊維に砂や小石がついてしまうので、御所野遺跡では北側の崖下を流れる小川の河床で凝灰岩《ぎょうかいがん》の岩盤が露出している場所を選んで洗います。

ぬめりがとれたら一枚ずつ剝いで、ハセ（物干し場）に吊り下げて三〜五日ほど乾かします。

乾燥したシナノキの繊維を細く裂いてから縄にないます。建築用の縄は太さ一センチほどにするため、かなり強く緊縛できる熟練の人でなければつくれません。一〇メートルなうのに一時間ほどかかるので、一束（一〇〇メートル）の場合は一日がかりの仕事となります。

縄文時代の縄づくり復元

釘や鎹《かすがい》のない縄文時代、柱や梁を固定するのに縄が大量に必要だった。
縄文人は縄をどのようにつくったのだろうか。縄づくりに挑戦してみた。

昭和 30 年代ごろまで遺跡周辺の農家では、シナノキの樹皮からとり出した繊維でつくった縄や紐を小屋づくりなどに使っていた。

樹皮を剥がす

シナノキは柔らかい木で、鉄の刃物などなくても、春であれば樹皮を剥がすのはたやすい。

剥いだ樹皮を水に漬ける

樹皮で使うのは内皮。内皮の繊維をとり出すには手間がかかり、まず水に 1 〜 2 カ月漬ける。温かい水に漬けたほうが早く剥がれるので淀んだ池に漬けた。

内皮の繊維を剥がす

剥がした繊維は、砂や小石がつかないように、岩盤が露出している小川で水洗いする。

縄をなう

乾燥させたシナノキの繊維を細く裂いて、ようやく縄をなう。

縄の完成

丈夫で強い縄の完成。建物の復元で使用する場合は、太さ 1cm ほどの太い縄にする。

12 薪はナラ材

御所野遺跡では縄文時代の竪穴建物跡を一二棟復元しています。建物はもともと人が使うことで維持できますが、展示物である復元建物はそのままでは建物の維持が難しいため、建設直後から竪穴内の炉で火を燃やしつづけました。

そのなかで明らかになったのは、薪の種類によって燃え方にちがいがあることです。そこで竪穴建物内で薪の燃焼実験をおこないました。

薪はカラマツとクリ、コナラの三種類としました。カラマツは縄文時代には御所野周辺になかった木ですが、遺跡東側の丘陵地に植林されたものを伐採して利用しました。コナラはカラマツを伐採した後に生えてきた木です。クリは遺跡の周辺に生えていた木で竪穴の修理のために近くで伐採して集めておいたものを使用しました。

実験は、それぞれの薪の燃焼時間と燃焼状態や温湿度の変化を季節ごとに記録するとともに、それぞれの薪の燃え具合なども比較しました。

カラマツは着火するとすぐに火力が強くなりよく燃えますが長続きはしません。そのため竪穴建物内の温度がすぐに上昇しますが、追加しないとすぐ消えてしまいます。クリも着火するとすぐ火力が強くなり勢いよく燃えますが、燃え切るのが早く、消えるとすぐ炭になります。

コナラは火のつきはよくありませんが、火がつくと燃焼時間がもっとも長く、しかも強い火力をそのまま維持します。

燃え方には木に含まれる水分も関係しています。それぞれの薪の含水率《がんすいりつ》は、伐採する時期や保管する場所によって大きく異なりますが、カラマツがもっとも高く、クリ、コナラの順となります。カラマツは脂分を含んでいるので含水率に関係なくよく燃えますが、コナラは含水率が二〇パーセント以上になると燃えにくく、よく乾燥させなければ燃えないことがわかりました。つまり伐採してからしばらく乾燥させなければ薪として利用できないことになります。遺跡の近くで今も燃料として薪を利用している人からの聞き取りでは、コナラの場合は少なくとも一年以上乾燥させてから利用するとのことでした。

薪は暖をとったり調理をしたりすることだけが目的ではありません。燃やして残った灰はトチノキの実のアク抜きなどに使用します。上記三種類の薪から出る灰の量を比較すると、コナラが圧倒的に多く、クリはコナラの五二パーセント、カラマツは四二パーセントでした。この点でも縄文時代にナラ材を使用した理由がうかがえます。ちなみに出る灰の量は季節によっても異なり、冬になるとクリでは二四パーセント、カラマツでは四二パーセントも減少します。このことから灰を確保するには、春から秋にかけてコナラを燃やすのがいいようです。

薪の材としてコナラが適している理由がもう一つあります。クリとカラマツは、燃焼中に弾《はじ》けて薪が灰とともに竪穴のなかに飛び散ってしまいますが、コナラの場合はほとんどそれがありません。

薪の燃焼実験

縄文人は竪穴建物の炉で、暖をとるため、調理をするために薪を燃やしつづけたにちがいない。

どんな木を使用したのか、復元建物の炉で燃焼実験をしてみた。

燃焼実験の準備

薪の大きさ、重さなどをはかり、燃え方を調べる。

御所野縄文公園では、週に４日、竪穴建物内で火を焚く。火を焚いているあいだは入口や樹皮葺き屋根から煙が出ている。

コナラの燃焼実験

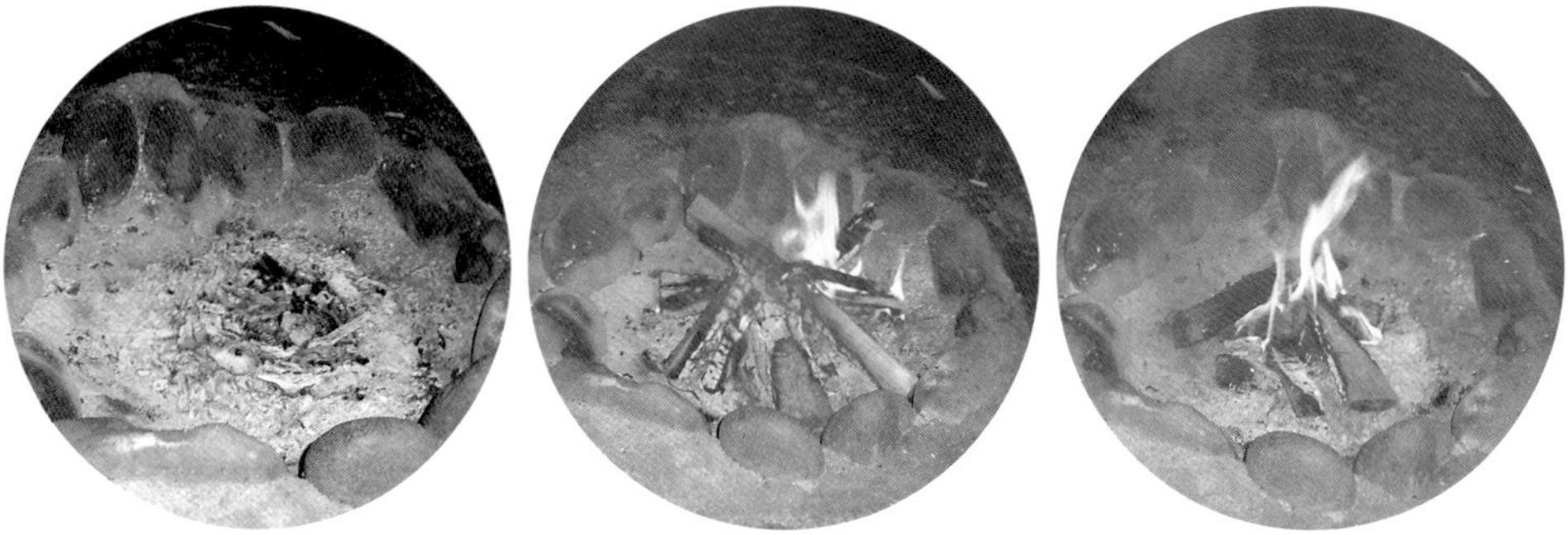

じっくりと時間をかけて燃え、炭はあまり残らないで灰になり、薪に適している。

クリの燃焼実験

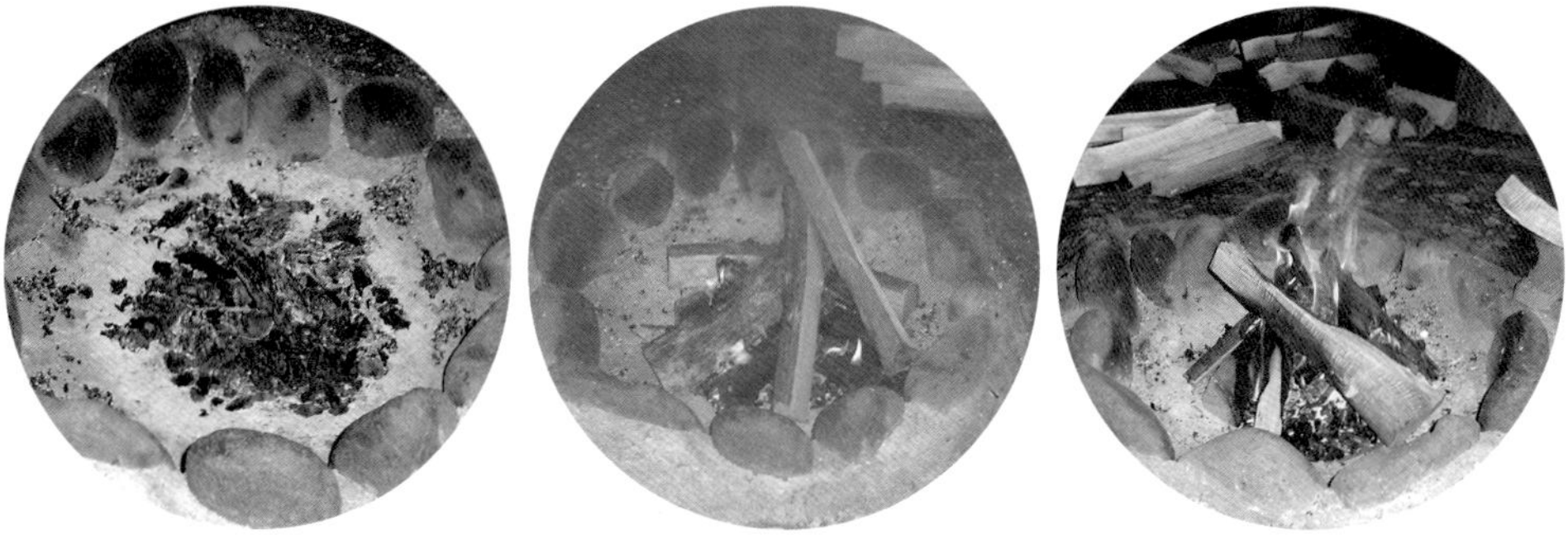

すぐに勢いよく燃えるが、燃え切るのも早く、炭となってしまう。

カラマツの燃焼実験

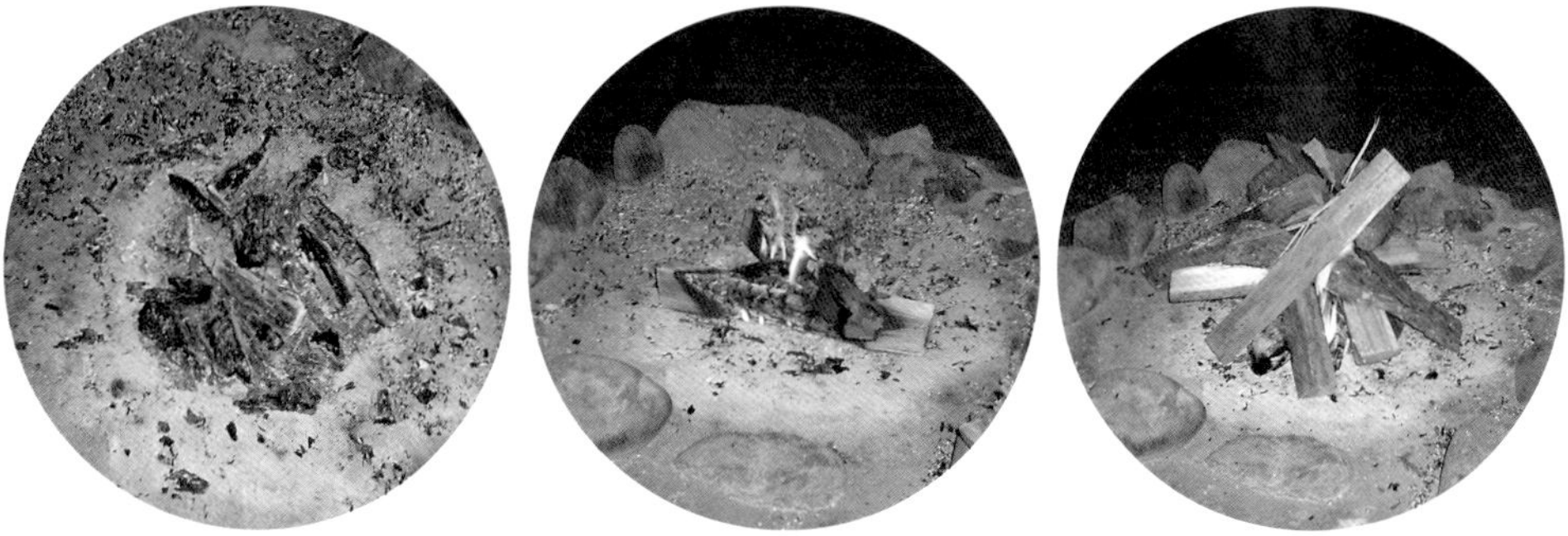

燃えやすく、すぐ火力も強くなるが長続きしないで、大半が炭となって残る。

13 御所野の粘土で土器をつくる

御所野遺跡からは縄文人が粘土を採掘した跡が発掘されています。採掘した粘土は火山灰起源の白色粘土ですが、同じ粘土が遺跡内の竪穴建物跡から多く出土していることから、御所野の縄文人はここで採れた粘土で土器をつくっていたようです。御所野遺跡の周辺からは同じ性質の粘土が採掘できることから、御所野縄文博物館ではこの縄文人が使ったのと同じ粘土を使って土器づくりをおこなっています。

土器づくりは、博物館から出かけて学校での出前授業としてもおこないますが、その場合はおおよそ三回にわけておこないます。

一回目は素地づくりです。御所野で採掘した粘土はきめが細かくしかも粘性が強いので、そのままでは割れやすいということで、粘土を六として、砂を三、さらに赤土一の割合で混ぜます。混ぜ合わせたら一時間ほどこねて、そのまま二週間から一カ月ほどねかせます。その間に、土器の表面に縄目をつけるときに使う縄をシナノキの繊維でつくります。

二回目はいよいよ土器づくりです。ねかせておいた素地をもういちど練りなおしてから、やや太めの粘土紐をつくり、それを上に巻き上げたり、輪積みにしながら形をつくっていきます。おおよそ形が整ったら、表面を平らにして、あらかじめつくっておいた縄を回転させながら縄目をつけます。縄には右撚りと左撚りがあり、それを縦、横、斜めなどの方向から回転させることで縄文となります。

さらに縄文の上に細い粘土を貼り付けたり、ヘラなどで溝や刻みを入れて、さまざまな文様を施します。完成した土器はおおよそ一カ月ほどかけて乾燥させます。

三回目は野焼きです。まず、野焼きの三〇分ほど前にあらかじめ空炊きをします。これは地面の水気をとることと土器が火になじむように燠《おき》をつくるためです。

準備ができたら燠の上に乾燥させた土器をならべて、そのまわりに薪を置きながら、最後に土器の上にも薪をかぶせます。点火すると端から徐々に燃えていき、やがて薪全体に火がついて燃え上がってから三〇分ほどで土器は焼き上がります。

火を止めてしばらくしてから土器をとり上げます。焼き上がった土器は、割れたりしたものがなく、毎回成功します。

御所野縄文博物館では、縄文人が使ったのと同じ粘土を用いて土器づくりをおこっていますが、オープン以来今までに七〇〇〇個の土器を焼いたなかで割れたり、ヒビが入ったりしたのはほとんどありません。それは素地づくりなど、一つひとつ時間をかけてつくるということを徹底しているためもありますが、大きな理由は御所野遺跡周辺で採取できる粘土の質がきわめてよいからだと思います。

このような良質な粘土がまわりの豊富にあること、これが縄文人がここにムラをつくった理由のひとつだったのかもしれません。

土器づくり

御所野遺跡からは土器に使用した粘土の採掘坑が見つかっている。御所野縄文博物館では、遺跡周辺で同じ性質の粘土を採掘して土器づくりをしている。

粘土採掘坑。御所野遺跡では土器に使用した粘土の採掘坑が見つかっている。同じ粘土が竪穴建物跡からも出土している。

粘土に砂、赤土など混ぜてよくこねて素地をつくる。よく混ぜないと焼いたときにヒビが入ったりする。

やや太めの粘土の紐をつくり、巻き上げたり輪積みにしたりして形をつくっていく。

縄文土器は、外側は飾り立てる一方、内側は貝殻などでよく磨かれている。煮炊きに使用するものだからだ。

完成した土器は1カ月ほど乾燥させた後、野焼きする。酸素が十分に供給された状態で焼かれ、赤褐色をしている。御所野の粘土は良質で、ヒビ割れたりするものがほとんどない。

焼き上がった土器

14 縄文人の植物利用

御所野遺跡からは焼けて炭になった木の実がたくさん出土します。この「炭化種実」を調べることで、縄文人がどのように木の実を利用したのかが見えてきます。

出土量がもっとも多いのはトチノキの実で、炭化種実全体の八〇パーセントを占めています。ついでクリが一〇パーセント、オニグルミが八パーセントで、そのほかコナラやヒメグルミが少量出土します。

遺跡中央部の盛土遺構では、竪穴建物跡のなかの石囲炉とそのまわりから数百点という大量の炭化種実が実の形を残したままや破片となって、まとまって出土しました。そのほとんどがトチノキで、それにクリとオニグルミが少量入っていました。北側の墓の近くでも同じようなまとまりが見つかっており、しかもその種類と割合は中央部とほぼ同じでした。

このようなことから、大量の木の実は縄文人が意図的に焼いたものではないかと考え、実際に木の実を焼いてみることにしました。その結果、火が下火になって熾の状態になってから木の実を入れ、その上に土を被せることで、このような形で残ることがわかりました。なんらかの儀礼で焼かれたと考えられます。

竪穴建物跡などから出土した土壌を水洗すると、肉眼では見えにくい小さな種子を調べることができます。水流で土を攪拌し、水に浮いた炭化物を回収します。その後、沈殿した土をフルイにあけ、さらに水流をかけて土を攪拌してフルイの目以上の大きさの炭化物を回収します。西側の大型竪穴建物跡からは、水洗選別調査で二〜三ミリという小さなイヌビエの圧痕が見つかりました。イヌビエはヒエの一種で貴重な食料となります。

フローテーションと呼ばれるこの調査方法はまだはじまったばかりですが、今後範囲を広げて縄文人の植物利用を調べていきます。

土器の材料となる粘土に混じっていた種実の圧痕から、どのような種実が縄文人のまわりにあったのかについて調べる方法もあります。

土器の材料となる粘土に種実が偶然入ると、土器焼成のときにその植物は焼かれてなくなり、その部分がくぼみとなって残る場合があります。そのくぼみにシリコンを流し込んで型をとって顕微鏡で詳細に調べ種実を同定するのです。レプリカ法と呼ばれています。

御所野遺跡からはレプリカ法で、野生種のニワトコをはじめ、種実ではありませんがワラビの葉（羽片）や茎などが確認されました。となりの馬場平《ばばたい》遺跡ではアズキの野生種（ヤブツルアズキ）の圧痕が見つかっています。ヤブツルアズキは貴重な食料になったと思います。

このような情報から御所野遺跡では、クリの実やヤブツルアズキなどの生育実験をおこなっています。たとえばクリの場合、周辺に堆肥をすることによって収穫される実の大きさや収量の変化などを調べています。同じくヤブツルアズキの実験では、土壌養分や光条件のちがいによって実が大きくなるのか、あるいはどのような場所に生育するのか、などを調べています。

出土した種実を調べる

縄文人は狩猟・採集をしていたといわれるが、調査方法の進展によって、何を採集・利用していたかが詳細にわかるようになってきた。

竪穴建物跡の石囲炉の上から炭化種実が出土

灰にならずに実の形のまま残っていた。トチノキの実が圧倒的に多く、クリとオニグルミが少量含まれている。何らかの儀礼で焼かれたのだろうか。

オニグルミ

トチノキの実

クリ

木の実の燃焼実験

薪が燃えた後の熾や灰のなかに木の実を入れたところ、10分ほどで形を残したまま炭化した。縄文人もこのような作業を意図的にしたと考えられる。

フローテーション

❸フルイに残ったものを拾いあげ、分類する。

❷さらに沈殿した土をフルイにあけ、水流をかけてフルイの目より小さいものを落とす。

❶水を入れた容器に土壌を入れ、攪拌させながらネットに流し込み、水に浮いたものを回収する。

レプリカ法による調査

土器に残っている圧痕を見つけ、シリコンを入れて型をとる。それを実体顕微鏡で観察して、その形態を確認し、同定をおこなう。

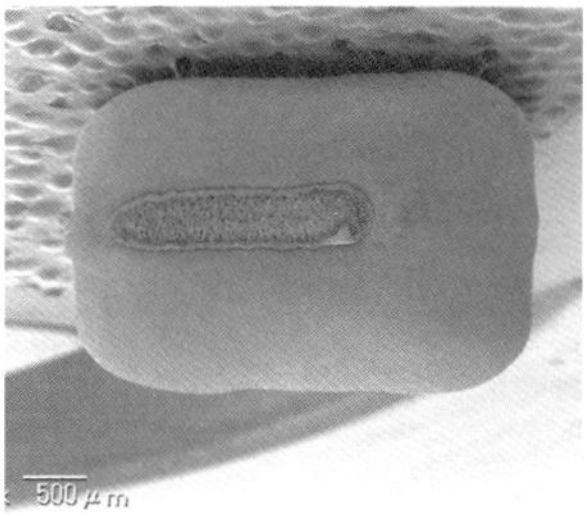

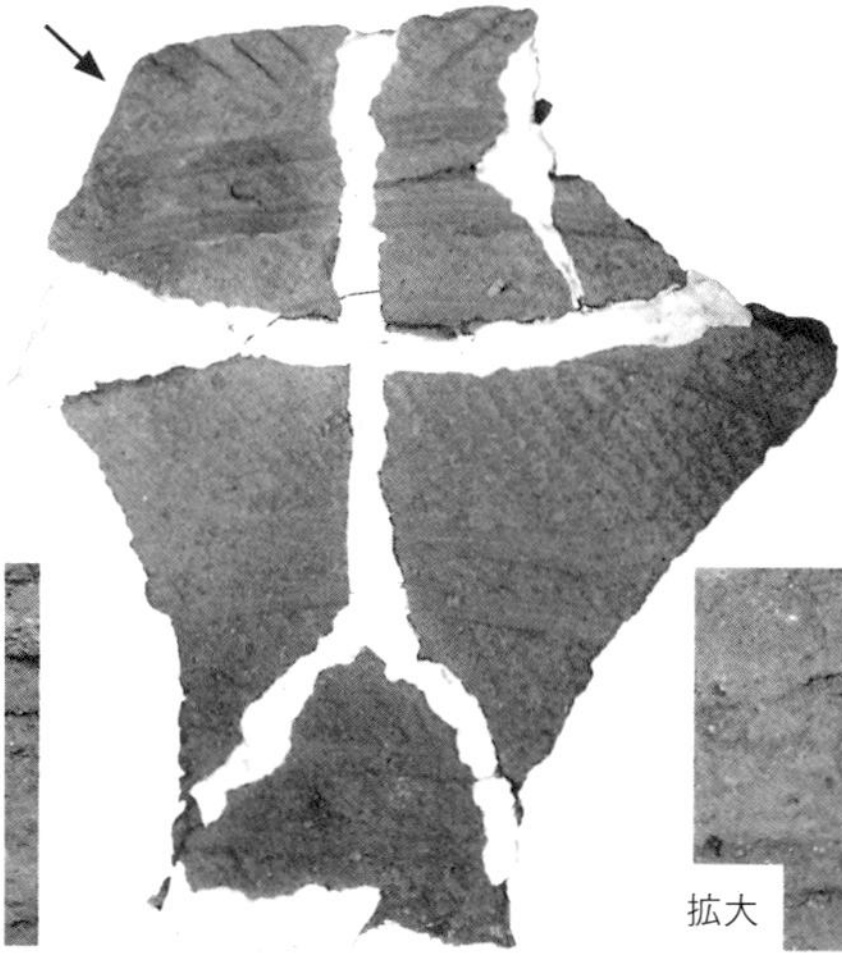

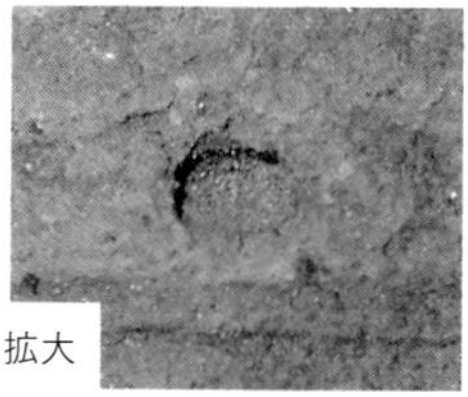

拡大

15 木の実を採る

九月後半から一〇月初めは木の実の収穫時期です。御所野遺跡ではトチノキ、クリ、オニグルミの実がたくさん出土しています。なかでも各時期を通して多いのがトチノキの実です。御所野ムラのもっとも新しい時期、つまり御所野ムラが分散しはじめる直前の縄文時代中期末葉の遺構からは、炭化したトチノキの実が非常に多く出土します。トチノキが積極的に利用されるようになったと考えています。

トチノキ、クリ、オニグルミ、この三種類の木の実はそれぞれ特徴があります。もっとも利用しやすいのはクルミで、殻を割ってとり出せばそのまま食べられます。トチノキの実はアク抜きをしなければならないですし、殻も柔らかく甘みのあるクリは虫に食べられやすいこともあり、収穫した後にすばやく虫殺しをしなければなりません。

御所野縄文博物館ではトチノキの実のアク抜き実験をおこなっています。

トチノキの実は収穫したらそのまま広げて乾燥させます。その後、外側の硬い皮（種皮）をむくために一度茹《ゆ》でます。柔らかくなったら皮をむき、むいた実（子葉）に灰をまぶし、水を入れて一晩そのままにしておきます。すると黄色の上澄みが出てくるので、この上澄みを捨ててから、また水を入れます。この作業を二～三日くり返してから最後に灰を洗い流します。灰を入れることで、実のなかに含まれている渋みがとれやすくなるのです。

こうした実を、弱火で焦げない程度にゆっくりかきまぜます。その途中で出てきたアクなどの上澄みを捨てながら、溶けてペースト状になるまで煮ます。最後に袋に入れて水を絞ります。絞った後は一週間ほど広げて乾燥させます。このようにトチノキの実は粉にしてから保存します。

クリの実の虫殺し実験もおこなっています。クリの実は、木についているときからクリゾウムシなどが入り込み、落下するとさらに多くの虫がつきます。実験したところ、落下した時点で虫のついた実は三〇パーセントでしたが、四日も経つと大半のものに虫が入っていました。そのためクリの実は熟して落ちたらすぐに水漬けにしたり、煮沸して虫を殺さなければなりません。御所野縄文博物館では谷に設置した水場にきれいな水を引き込み、流水に漬けて、虫がどのくらい殺せるかを検証する実験をおこないました。クリの実は二週間ほど保存できましたが、それ以上経つと腐ってしまいました。虫殺しをしたクリは時間をかけて乾燥させて搗栗《つきぐり》にするか、トチノキの実のように粉にして保存します。

木の実は収穫をすればそのまま食料になると考えられがちですが、実験で明らかになったように、収穫後に保存したり食べられるようにしたりするための多大な作業が待っています。しかもこのような作業は限られた時間に集中しておこなわなければなりません。ムラ全体の保存食として利用するのであれば大量に処理しなければなりません。秋は、縄文人にとって想像以上に忙しい時期だったのかもしれません。

トチノキの実のアク抜き実験

縄文人は木の実をどのように食べていたのだろうか。

御所野遺跡の出土種実で大きなウエイトを占めたトチノキの実のアク抜きを実験してみた。

トチノキの実のアク抜き実験

アクの強いトチノキの実を食用にするためには多くの作業が必要なことがわかった。

❶ 収穫したらそのまま広げて乾燥させる。

❷ 外側の皮をむくために一度茹でる。

❸ 皮をむく。

❹ むいた実に灰をまぶし水を入れて一晩置く。

❺ つぎの日、出てきた黄色の上澄みを捨て水を足す。

❻ 5の作業を2～3日くり返し、灰を洗い流す。

❼ 実が溶けてペースト状になるまで煮る。

❽ 出てきたアクを捨てる。

❿ あんこ状になったものを広げて 1 週間ほど乾燥させる。

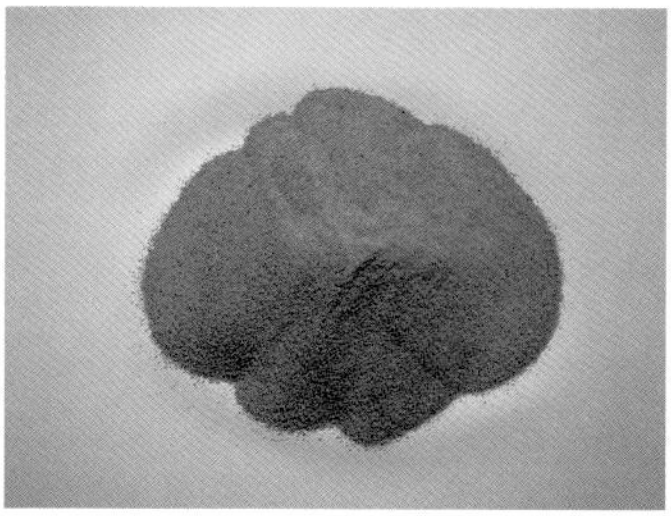

⓫ こうして食用の保存できるトチノキの実の粉ができる。

❾ ペースト状になったものを布袋に入れて水を絞りあんこ状にする。

トチの実

クリの実の虫殺し実験

採集したクリの実にどの程度の虫がつくのかを実験で調べてみた。

❶ 北側の谷にある水場に漬ける。

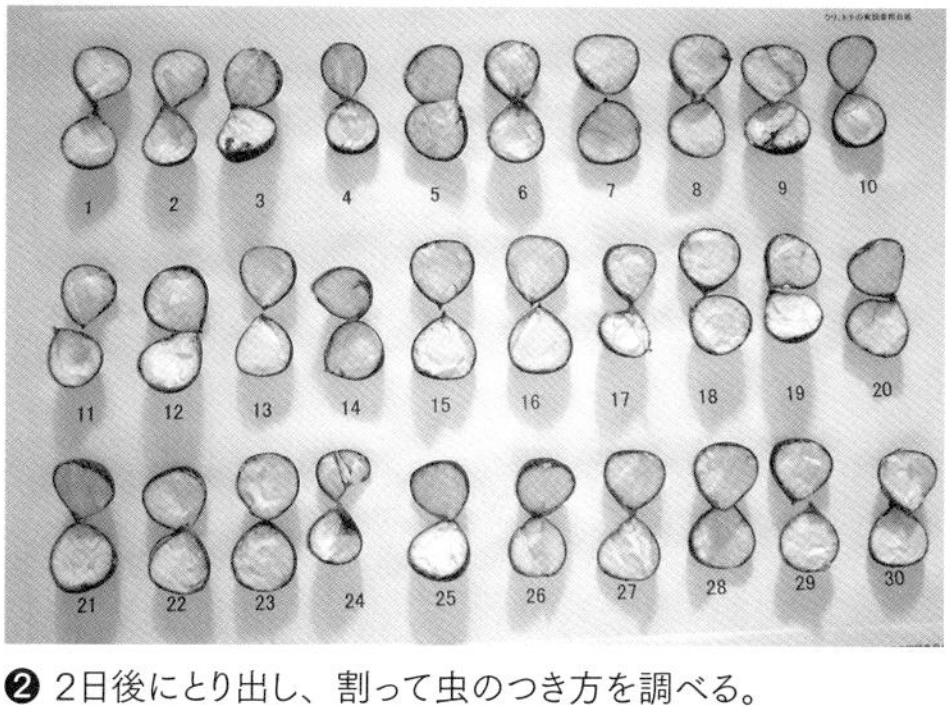

❷ 2日後にとり出し、割って虫のつき方を調べる。

クリの実

16 ウルシの木を育てて使う

御所野遺跡からは漆を塗った土器が見つかっています。ベンガラなどの朱を混ぜた赤褐色の漆が大半ですが、なかには黒色、あるいは暗褐色、褐色などもあります。

御所野遺跡にはウルシの木が多く生育しています。遺跡のある岩手県北地方は漆の産地として知られており、なかでも二戸市の浄法寺《じょうぼうじ》とその周辺は国産漆の七〇パーセントを生産するほどです。今でもさかんにウルシの木から漆の樹液をとる「漆掻き」がおこなわれており、ユネスコの無形文化遺産として登録されています（伝統建築工匠の技：木造建造物を受け継ぐための伝統技術）。したがって昔から畑やそのまわりにはウルシの木が植えられています。

漆掻きのウルシの木には一〇～一五条ほどの黒い刻みがついています。この刻みが漆を掻いた痕跡です。漆掻きは漆液をさかんに出す六月から一〇月にかけておこなわれます。樹齢一五～二〇年の直径二〇センチほどの木を選んで掻きます。

六月はじめにウルシの木の周辺の草刈をして風通しをよくすることからはじめます。木を乾燥させて樹液の流れをよくします。六月中旬に木を刺激するため小さな刻みをつけます。刻みを「辺」と呼び、最初の刻みは初辺、つぎから二辺、三辺と呼びます。おおよそ七月から九月までの間に、木の生育状況を見ながら刻みの長さや深さを変えながら掻いていきます。

刻みを入れる場所は、木の太さや生育にあわせて決め、それぞれの刻みは一本ずつ入れて、数日経ってからまた一本ずつ入れるというように掻いていきます。このように木の成長や状態にあわせて、漆が出るように掻くことから、漆掻きは「木を育てて掻く」といわれています。

漆はもともと真夏の暑い時期に良質な漆を多く出すといわれており、この時期に長く、深く傷つけて多く掻き、しだいに長くしていきます。木の成長にあわせて掻きとるため、ウルシに残る刻みは徐々に長く、深くなっています。この刻みは人がどのようにウルシの木にかかわったのかをよくあらわしています。

縄文時代の漆掻きの痕跡は、東京都東村山市にある下宅部《しもやけべ》遺跡から出土しています。川底に打ち込まれていたウルシ材の杭に漆掻きの跡が残っていたのです。一〇センチ以下の細い木ですが、一〇～二〇センチほど間隔をあけて刻みがつけられていました。

実験で、同じような太さのウルシの木に出土した漆掻きの痕跡と同じ間隔で傷をつけ、漆液を採取した後に、はじめにつけた傷と傷の間にも傷をつけたところ、そこからは漆が出なかったということなので、もともとの傷の間隔が一度に漆液を確保できる間隔だったと考えられます。

現在おこなわれている漆掻きは、同じ木から数カ月をかけて漆液をとるために連続した刻みとなりますが、下宅部遺跡ではウルシ林の維持管理のために間伐した材を杭に再利用したことから、一定の間隔があいた刻みとなったのでしょうか。同じウルシの木に連続した刻みがつけられた例は縄文時代ではまだ確認されていないようです。

漆掻き

御所野遺跡からは漆を塗った土器が出土し、漆塗りの技術が確立していたことが知られる。それは現代にも受け継がれている。

二戸市浄法寺のウルシ林。浄法寺の漆掻きの歴史は古く、またその技術は受け継がれユネスコ無形文化遺産に指定されている。

漆掻きの体験。

縄文時代の遺跡からは、このような連続した漆掻きの刻みは見つかっていない。

右手のカキベラ（上）で掻きとり、左手のタカッポ（下）に液を入れる。

御所野縄文里山のウルシ林

伐採するとその切り株からひこばえが生える。縄文人もこうしてウルシの木を育てていたのだろうか。

ウルシの実からとったロウはかつてロウソクの原料となった。

17 スズタケでカゴを編む

縄文土器の底部には、編み物の痕がついている場合があります。これは土器づくりのときに、粘土が台に付着しないように敷いた編み物の痕跡（圧痕）と考えられます。佐賀県佐賀市の東《ひがし》名《みょう》遺跡で縄文時代早期の編みカゴが七〇〇点以上見つかって話題になったことがありますが、御所野でも編みカゴがたくさんつくられていたにちがいありません。

当時の編み物の情報をこの圧痕から知ることができます。圧痕にシリコンを流して型をとり、編み方を再現して観察します（レプリカ法）。さらに実体顕微鏡や走査型電子顕微鏡でくわしく調べます。

御所野遺跡では七一点の編み物痕が見つかりました。一本ずつ交互に編むござ目のものがもっとも多くて六六個体、ついで二本をよじってからめるもじり編みが四個体、縦と横を交互に編む網代《あじろ》編みが一個体です。

圧痕のなかには節のついているものがあり、それを六種類のササで同じように編んで比較したところ、現在も一戸町の鳥越《とりごえ》地区で竹細工に使われているスズタケにきわめて近いことが確認されました。縄文時代の材料と現在の材料が一致したのです。

鳥越地区は御所野遺跡の北五キロに位置し、スズタケを使ってカゴやザルなどをつくり、古くから「竹細工の里」として知られてきました。スズタケはもともと積雪の多くない太平洋側の山間地に生育するササの一種で、岩手県北地方では馬淵川支流の山間地で、おもに沢筋の崖あるいは標高三五〇メートル以下の山地斜面などに生育しています。

現在の職人さんに御所野遺跡から出土した編み物圧痕のレプリカを見ていただいたところ、非常に薄い材料で隙間なくきちんと編まれているということで、縄文時代の技術の高さに驚いていました。

鳥越地区ではスズタケの厚さ・幅を同じくするのに、現在は「肉取り器」と呼ばれる道具を使っていますが、昔は鉈《なた》で刻みを入れた後に口で裂いていたということです。また、根元が太く、先になるにつれて細くなるスズタケの素材を生かして、根元と先を交互に入れ替えて編んでいたということです。そうすることで隙間のない、そろった編み物ができるそうですが、縄文時代の圧痕はそれに近いとのことでした。

スズタケは、小さめのカゴに使用する比較的柔らかい材料は九月末から一〇月初めに、一般的なカゴに使用する材料は一一月になってから採取します。

スズタケは生えている場所によっても性質が異なり、陽あたりのよい場所には太くて短いものが、樹木の下など日影などでは長くて柔らかいものが多いので、それぞれ製品や編む箇所によって使い分けます。

鳥越地区ではスズタケを「シノ」と呼び、その採取をシノキリと呼びますが、良質のシノを得るために、毎年同じ場所で切るそうです。シノは切れば切るほどいいシノが出てくるといわれており、昔は職人さんごとにシノキリの場所が決まっていたとのことです。

縄文人の竹細工と現代の竹細工

御所野遺跡で出土した土器の底部についていた編み物痕からスズタケの編み物を使っていたことがわかった。一戸町鳥越地区では竹細工が受け継がれている。

縄文時代の編み物を調べる

御所野遺跡から出土した土器の底部片。編み物を敷いていた痕が残っている。

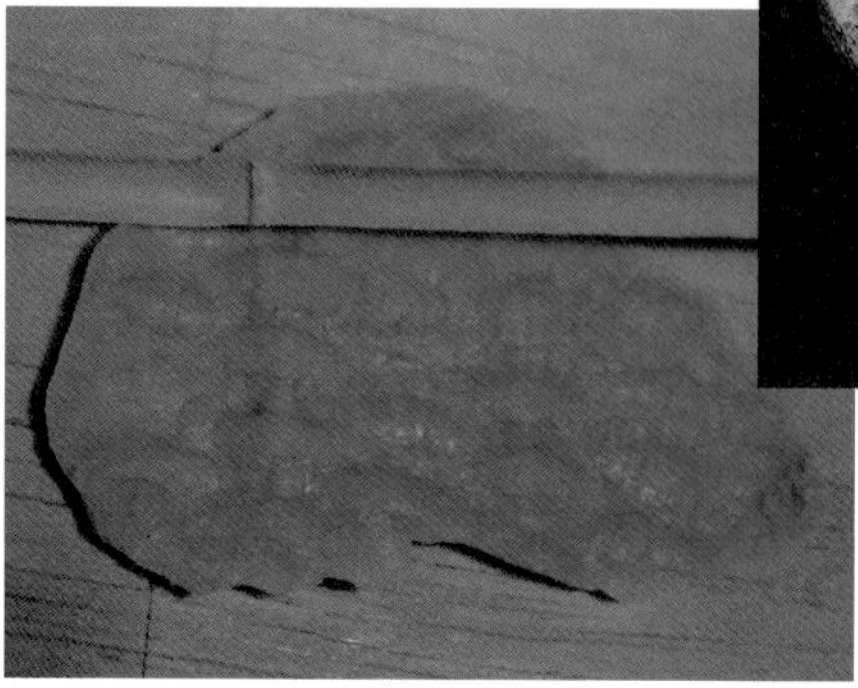

レプリカ法で編み物を復元して調べたところ、スズタケを素材とした可能性が高いことがわかった。カゴやザルがあったのだろうか。

縄文時代の編み物を復元する

スズタケの皮を剝ぎ、四ツ割にし、幅をそろえて、編み込んでいく。

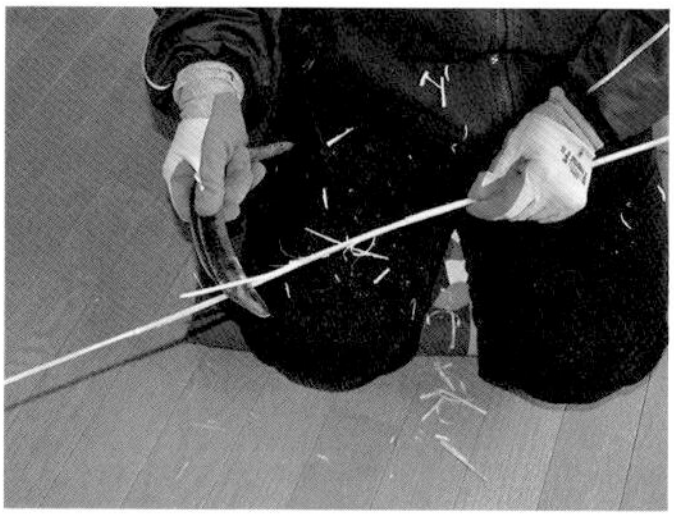

❶ 皮剝ぎ

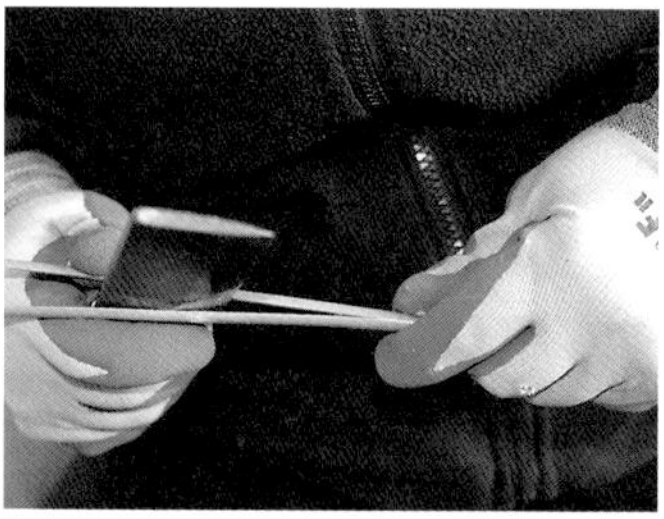

❷ 四ツ割

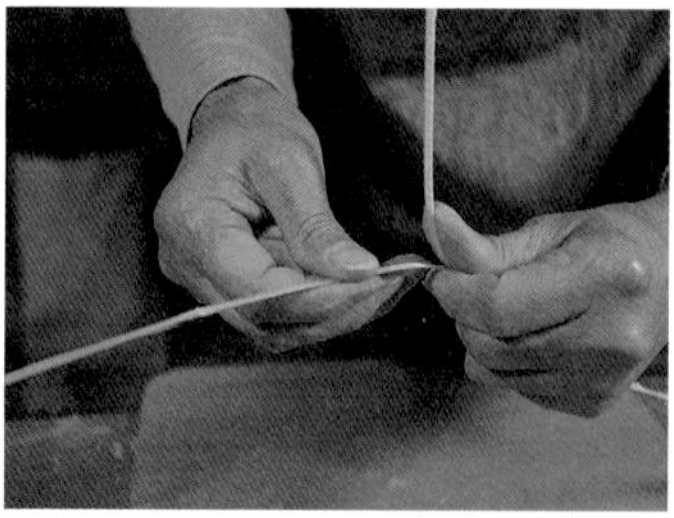

❸ 肉取り

❹ 網代編み

現代の竹細工製品。行李、手提げカゴ、ザルなどがあり、代表的な製品はカゴとザル。

1970 年代までは市で売られ、農作業や台所で利用された日用品だった。

スズタケの花枯れ現象。120 年に 1 回花が咲き、枯れるといわれている。

スズタケは鎌で刈る。

18 サルナシで編む

沢筋の崖や緩やかな斜面に生育する落葉広葉樹の林では、いたるところで樹木に蔓が巻きついています。御所野遺跡の北側の崖は通称「マタタビの沢」と呼ばれ、林一面にマタタビの蔓が巻きつき、そのまわりや崖際のオニグルミの木にはヤマブドウやアケビの蔓が巻きついています。そして、崖よりやや小高い山際にあるコナラやホウノキ、カバノキなどに巻きついているのがサルナシという蔓植物です。縄文人はこのような蔓を積極的に利用していたようで、御所野遺跡からは出土していませんが、各地の遺跡から出土しています。

御所野遺跡の東南の北上山地のなかに「面岸《おもぎし》」という小さな集落があります。標高四五〇メートルの高地に起伏の少ない丘陵が広がり、周囲を小高い山に囲まれた盆地となっています。丘陵の間の窪地に五〇軒ほどの集落があり、丘陵地での畑作と山仕事を生業にし、とくに箕《み》づくりを代々受け継いできています。

箕は脱穀した穀物を仕分けるのに使う農家の必需品で、サルナシをヨコ材、ヤナギをタテ材として編み込み、ネマガリダケで縁を押さえます。

サルナシの良質な蔓は、四月から五月、秋なら一一月ごろに採取します。一回に一二〇センチほどの蔓を百本ほど束ねて、それを二つ背負って帰るといいます。ヤナギは日当たりの良い山野の生え、春先に黄色い花をつけるバッコヤナギです。ネマガリダケはブナ林が生育する多雪地域に分布し、面岸の人たちは二〇キロほど離れた西側の奥羽山系にある標高千メートルほどの西岳の麓まで行って一日がかりで切ってきます。

採ってきたサルナシの蔓は、皮を剝がしやすくするため、まとめて蒸します。蔓の曲がりを直しながら釜に入れ、密閉状態にして、朝から翌日の午前中まで火入れを続けます。このときサルナシはあざやかな赤い色に変身します。これをそのまま二〜三日天日で乾燥させますが、この時に朝露や雨にあたるといっそう鮮やかな色になります。

乾いたら二昼夜、水につけてから四ツ割、あるいは六ツ割にしてから肉をそぎ落とします。このサルナシが箕のヨコ材となります。

バッコヤナギは表皮と肉を剝がして、肉の部分を干してから幅をそろえますが、平均的な箕で三二本必要となります。ネマガリダケは炉で火にあぶってまっすぐにしてから弓形にします。

編む材料は前日から水に浸けておき、あらかじめ用意しておいたムラサキシキブの弓にヤナギを三本張って、その間にサルナシを交互に絡めながら中心部から編んでいきます。全部編み終えたら弓をはずして両脇をそろえてから外側は網代編みにします。最後にネマガリダケの縁をつけて完成です。材料となるサルナシは山の中腹で、伐採してから一〇〜一五年くらい経過した木に巻きついているのがもっとも質が良く、しかもスズタケと同じように毎年同じ場所で採取したほうが真っすぐで良質な蔓が確保できるようです。

以上は面岸で現代おこなわれている蔓での編み物づくりですが、縄文時代も同じような作業がおこなわれていたと考えることができます。

一戸町面岸の箕づくり

一戸町の山間地にある「面岸《おもぎし》」では、サルナシの蔓を使った伝統的な箕づくりが継承されている。そこから縄文人の蔓利用を考えてみた。

サルナシの蔓を採る

春早くに、葉が出る前のサルナシの蔓を採る。

まとめて蒸す

蔓の曲がりを直しながら釜に入れ密閉して蒸す。

赤くなる、皮を剥ぐ

蒸した後に皮を剥ぐ。蒸すことでサルナシはあざやかな赤い色に変わる。

バッコヤナギの樹皮剥ぎ

立木から皮を剥ぎ、表皮と肉に分ける。

口と手を使って肉取りをする。

箕をつくる

サルナシをヨコ材、バッコヤナギをタテ材として編む
（縁にはネマガリダケを用いる）。

箕づくりの実演

19 縄文里山づくりで見えてきたこと

北国の冬は長く厳しく、ほぼ半年近く狩猟以外に食料を確保する機会がなくなってしまいます。したがって、この期間を食いつなぐだけの食料を春から秋にかけて確保し、それを貯蔵しておかなければなりません。御所野縄文ムラでは何を確保し、どのようにして貯蔵していたのでしょうか。

ひとつは木の実です。トチノキの実が圧倒的に多く、そのほかクリやクルミもまとまって出土しています。このような樹木が縄文時代の御所野縄文ムラとその周辺に多く生育していたことは、土のなかに残っていた植物化石などの分析で確認できました。

収穫は九月後半から一〇月です。最初にクルミが落ちはじめ、やや遅れてトチノキ、その後にクリというように、収穫の時期はそれぞれ少しずれますが、ほぼ九月後半から一〇月に集中しています。そして、クリは収穫後すぐに虫殺しのために煮沸や水漬けをしなければなりませんし、トチノキの実は手間のかかるアク抜きが必要です。

こうした木の実を主要な食料とした場合、限られた期間に収穫し、加工して、貯蔵しなければならず、それはムラ人総出でおこなったことでしょう。しかも、木の実は毎年同じように収穫できるわけではなく、年ごとに収量も異なるため、利用できる植物を増やし、その利用方法なども確立していたものと考えられます。

秋のこの時期は、馬淵川をサケが遡上します。サケは遡上する期間が限られ、遡上したその瞬間に捕獲しなければなりません。できるだけ効率よく捕獲するには、木の実と同じようにムラ人が総出でおこなったと考えられます。

このように木の実やサケなど不安定な自然から食料を手に入れた縄文人が長期間集落を維持できたのは、それぞれの季節ごとに、数年、あるいは数十年ごとにも、食料の安定した獲得への戦略をもっていたからでしょう。

また、食料だけでなく、木材なども伐採する時期や対象となる樹齢の木は限られ、竪穴建物を建てるには一度に大量の木材を必要とすることから、計画的な伐採・加工がおこなわれていたと考えられます。御所野遺跡の竪穴建物跡の調査や実験では、使われたクリ材の樹齢は二〇〜三〇年で、伐採は伐採後の樹皮剝ぎや加工がしやすい春におこなわれたと考えられます。

同じく木材を大量に必要とする薪は、少なくとも半年から一年以上乾燥させる期間が必要です。御所野縄文ムラではコナラを利用したのではないかと考えていますが、春に伐採して半年ほど乾燥させて冬に利用するか、秋から冬にかけて伐採し、ほぼ一年間乾燥させて翌年の冬に利用したのかもしれません。コナラは硬く、石斧で伐採する場合、かなりの時間を要することを確認しているので、せいぜい樹齢一五〜二〇年前後のものを利用したのではないかと考えています。

このように生きている自然を相手として、自然のサイクルに合わせながら、先を見通して計画的に行動した御所野の縄文人の姿がおぼろげながら見えてきました。

御所野縄文里山カレンダー

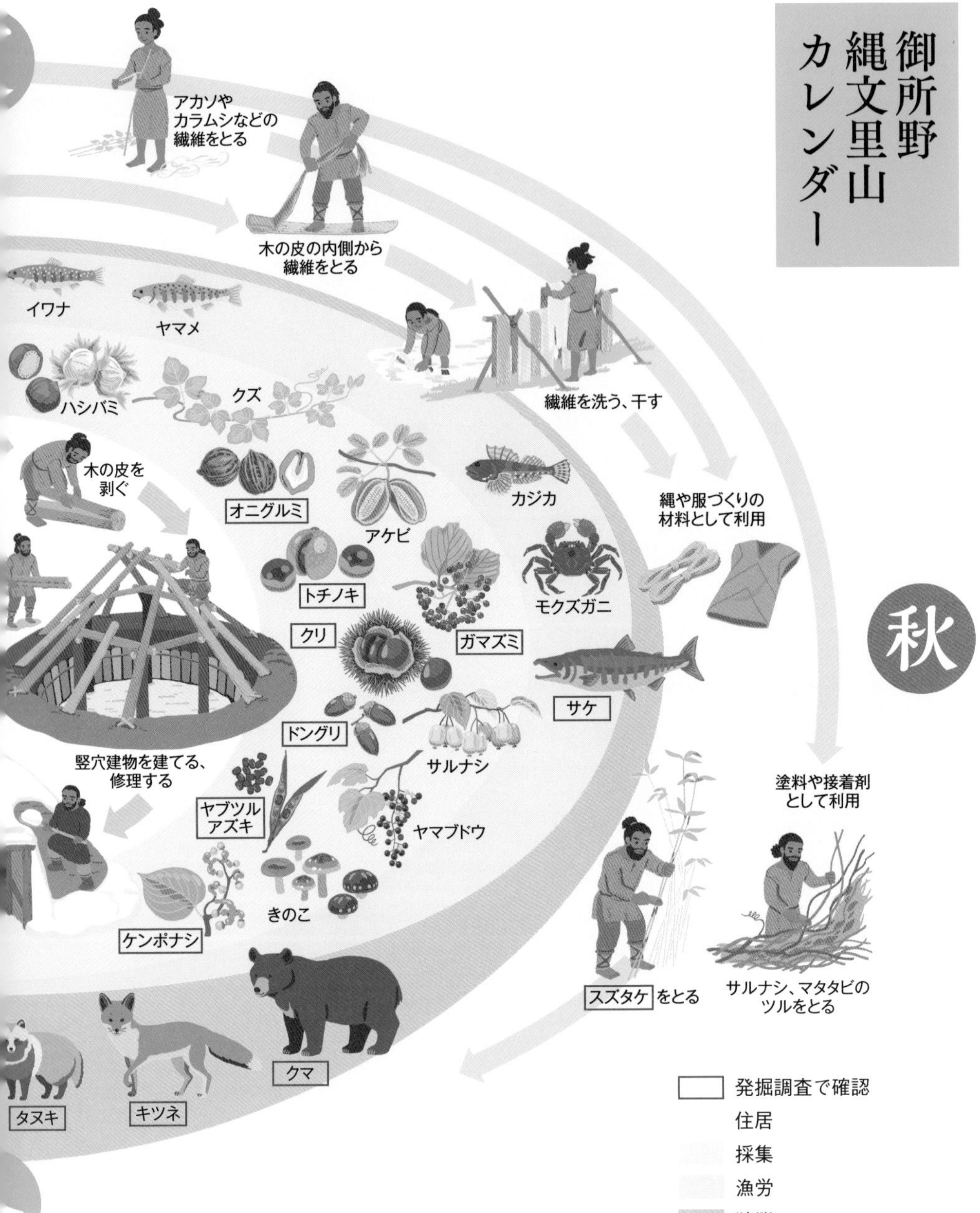

秋
アカソや
カラムシなどの
繊維をとる
木の皮の内側から
繊維をとる
繊維を洗う、干す
縄や服づくりの
材料として利用
塗料や接着剤
として利用
イワナ
ヤマメ
ハシバミ
クズ
木の皮を
剥ぐ
オニグルミ
アケビ
カジカ
トチノキ
ガマズミ
モクズガニ
クリ
サケ
ドングリ
サルナシ
竪穴建物を建てる、
修理する
ヤブツル
アズキ
ヤマブドウ
きのこ
ケンポナシ
スズタケをとる
サルナシ、マタタビの
ツルをとる
クマ
キツネ
タヌキ
発掘調査で確認
住居
採集
漁労
狩猟
ものづくり

生きている自然を相手として、
自然のサイクルに合わせながら、
先を見通して計画的に行動した御所野の縄文人の姿が
おぼろげながら見えてきた。

20 持続する取り組み

御所野縄文公園ではさまざまな団体が活動しています。遺跡のすぐ近くにある一戸南小学校（全校児童九四名、二〇二〇年現在）もそのひとつです。「御所野愛護少年団」（三年生から六年生までの児童が参加）を結成し、御所野縄文公園の清掃活動や縄文里山づくりの一環として、植樹や樹木の育成、さらにはその保護活動などに取り組んでいます。

最近は「総合的な学習の時間」を使って、御所野遺跡から縄文人の知恵を学んでいます。

三・四年生は「知る」をテーマとして、御所野遺跡や博物館を見学しながら、御所野遺跡や縄文人の生活を学びます。

五・六年生のテーマは「広める」です。五年生になると、グループごとに研究テーマを決め、調査活動に取り組みます。子どもたちの研究テーマは「土器はなぜ縄目文様中心なのか」「生活の中で役立つ植物は何だろう」「食べられる植物をどのように伝え、命を守ってきたか」「土屋根に気温調整効果はあるのか」などです。何度も遺跡を訪れて、復元した石斧を使って木を伐ってみたり、樹皮を剥いで繊維をとり出して縄をつくったりします。学校では土屋根の模型をつくり、屋根の角度などを検証する実験をおこなっています。こうした調査活動の内容は、毎年二月に御所野縄文博物館で開催される調査成果発表会で発表しています。

六年生になると、ＰＲ活動が本格化します。修学旅行先では、自作のＰＲ新聞を提示しながら、世界遺産登録を目指す御所野遺跡の特徴や価値について伝える活動に取り組んでいます。ときには英語での紹介にも挑戦しています。遺跡では「子どもガイド」活動をおこないます。自分たちの調査活動を通して学んだ縄文人の暮らしや知恵について、「自分たちの言葉」で伝えるように心がけています。ガイドの前には何度も練習し、声の大きさや話すスピードなどの改善を重ねています。

一戸町では、二〇一六年度から町内すべての小中学校で「総合的な学習の時間」で、縄文人の生き方を学び、ふるさと「いちのへ」を見直し、誇りに思う子どもたちを育てることをねらいとした「いちのへ御所野縄文学」の学習に取り組んでいます。町の南部にある奥中山小学校では近くの山に残るブナ林の調査や保存などを、町のほぼ中央にある小鳥谷《こずや》小学校では江戸時代の大型住宅である国指定重要文化財の「旧朴舘《ほうのきだて》家住宅」の研究やガイドを、一戸小学校では学校に御所野遺跡の展示コーナーを設けるなど、さまざまな活動を続けています。

二〇一八年度からは、このような活動を通して得られた町の遺産を町外に知らせる「いちのへふるさとＰＲ大使」の活動もはじまりました。子どもたちは、自分自身が暮らしている一戸の歴史や文化から未来の一戸について学びを深めています。

町内にはこのほかに、「御所野遺跡を支える会」「自然と歴史の会」さらには「御所野発掘友の会」というボランテイア団体が結成されており、遺跡のガイドや清掃活動、さらには遺跡の広報などの活動をおこなっています。なかでも春と晩秋のクリーンデーでは、それぞれの団体だけでなく、地元の町内会や各種団体なども参加しながら町全体で活動しています。

御所野遺跡をささえる地域の活動

遺跡を守り縄文里山づくりを進めるにあたって地域の子どもたちの力は欠かせない。御所野遺跡では御所野愛護少年団がさまざまな活動をしている。

年数回の清掃活動

遺跡公園をきれいにするのは保存活動の基本。

縄文里山づくりでの植樹

子どもたちが中心となって植樹活動を担っている。

御所野を調べる

遺跡や御所野縄文博物館を見学して縄文人の知恵を学ぶ。

グループ研究

5・6 年生ではグループごとに研究テーマを決めて学習する。

御所野遺跡調査成果発表会

調査活動の成果は２月に博物館でおこなわれる発表会で報告する。

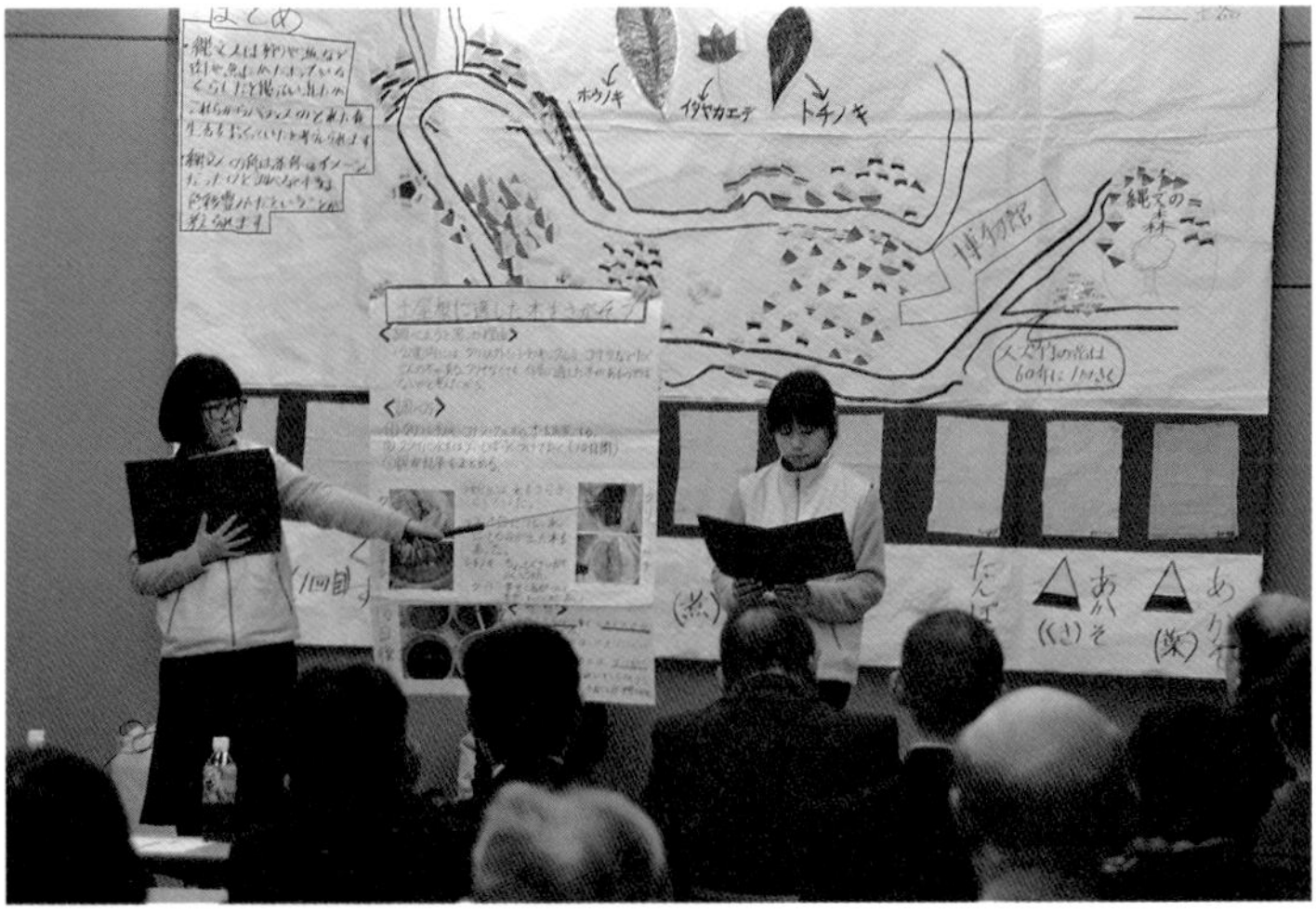

「子どもガイド」活動

5・6 年生になると、学習・研究の成果をもとにガイドを務める。

旧朴舘家住宅の調査とガイド

御所野遺跡だけでなく、町内のほかの
文化財の調査やガイドもおこなっている。

いちのへふるさとＰＲ大使交流会

修学旅行先など町の外へ出て、積極的
に御所野遺跡の魅力を伝えている。

縄文里山づくりの活動記録

1999年 6月 エゾリンドウ、ヤブカンゾウ、クリンソウ、シュンランなど野草の植栽（御所野愛護少年団）／ニシキギ、ガマズミなど低木の植栽（自然と歴史の会）

7月 石斧を使ったクリの木の伐採実験（東京都立大学）

10月 キキョウ、モミジガサ、カワラナデシコ、ヤマジノホトトギスなど野草の植栽（自然と歴史の会）／ヤマハギ、ヤマブキの植栽（西法寺コスモス会、博物館職員）

11月 エゾエノキの植栽（心に宝の地図を描こう会）

2000年 4月 ヤマユリの植栽（博物館職員）

5月 クマイチゴ、オオウバユリ、アイズシモツケ、オトコエミシ、カタクリの植栽（御所野愛護少年団）

6月 オオバギボウシ、オカトラノオ、カワラナデシコ、キキョウ、スズランの植栽（御所野愛護少年団）

7月 石斧を使ったクリの木の伐採実験（東京都立大学）

9月 ムラサキシキブ、コゴメウツギ、クロモジ、ヤマツツジ、ヤマハギなど低木の植栽（自然と歴史の会）／ヤマハギ、ユウガギク、ノコンギクなど低木の植栽（御所野愛護少年団とその保護者）

10月 オオバクロモジ、コゴメウツギの植栽（鳥海地区公民館）／ヤマユリの植栽(御所野発掘友の会)

11月 オミナエシなどの野草、クサギ、レンゲツツジなど低木の植栽（御所野遺跡を支える会、御所野発掘友の会）

2001年 7月 ハシバミなど低木の植栽（ボランティアＬの会）／キキョウ、カワラナデシコの植栽（御所野愛護少年団）

8月 キバナイカリソウ、キツネノカミソリ、フッキソウなどの野草、ニガキ、キハダ、ウツギなどの植栽（御所野遺跡を支える会）

10月 ヤマユリの植栽

11月 エゾエノキ、コゴメウツギなど低木の植栽（ボランティアＬの会）

2002年 4月 御所野縄文公園オープン

7月 カワラナデシコ、オミナエシなど野草の植栽（御所野愛護少年団）

8月 カワラナデシコ、オミナエシなど野草の植栽（御所野愛護少年団）

２００３年　４月　キキョウ、カワラナデシコ、オミナエシの種子と球根の植え込み（博物館職員）
６月　カワラナデシコの植栽（御所野愛護少年団）
８月　キキョウの植栽（御所野愛護少年団）
９月　ヤブカンゾウ、オミナエシの植栽（御所野遺跡を支える会、御所野発掘友の会、御所野愛護少年団）
２００４年　７月　ミズバショウ、オミナエシ、キキョウなどの野草の植栽（ボランティアＬの会、御所野発掘友の会）
９月　レンギョウの植栽（ボランティアＬの会、御所野発掘友の会）
２００６年　４月　竪穴建物内の炉でのコナラ、クリ、カラマツの燃焼実験（２００７年5月まで一年間実施）
６月　Ｉ区の広葉樹の伐採（博物館）～9月
11月　コナラ、クリ、サクラなどの樹木の植栽（御所野遺跡を支える会）
２００８年　４月　御所野遺跡と周辺の植物調査（御所野遺跡を支える会）
５月　御所野遺跡と周辺の植物調査（御所野遺跡を支える会）
９月　公園内の樹名札の作成と設置（御所野遺跡を支える会）～11月
10月　コナラとクリの播種（御所野愛護少年団、湯本貴和御所野遺跡環境整備指導委員による指導）
２００９年　10月　御所野縄文公園で採集したコナラとクリの種実で育てた苗の植栽（御所野愛護少年団）／コナラとクリの植栽（御所野発掘友の会）
11月　御所野縄文公園で採集したコナラを持ち帰りポットに植える（御所野愛護少年団）
２０１０年　６月　昨年植えたコナラとクリ周辺の草刈り（御所野愛護少年団）
８月　湯本貴和史氏との植物観察会（御所野遺跡を支える会）
11月　御所野縄文公園で採集したコナラを持ち帰りポットに植える（御所野愛護少年団）
２０１１年　６月　Ⅱ区南側のカラマツの伐採（博物館）～9月
９月　学校で育てたコナラとクリを御所野縄文公園の縄文の森に植栽（御所野愛護少年団）
12月　アオダモ、ウワズミザクラ、カマツカ、クサギ、コナラ、ニガキ、ツリバナ、トチノキ、ハリギリ、ミズキ、ヤマナシ、ヤマボウシ、ヤマモミジ、ウグイスカグラ、ウツギ、エビガライチゴ、ズミ、オオカメノキ、オオバクロモジガマズミ、コゴメウツギ、サワフタギ、サンショウ、ノリウツギ、ハシバミ、ハナイカダ、ミヤマガマズミ、ムラサキシキブ、ヤマブキなどの植栽（御所野発掘友の会）
２０１２年　４月　アズキナシ、エゴノキ、コハウチワカエデ、ヤマモミジ、カシワ、コブシ、オオヤマザクラ、マンサク、ズミ、マユミなどの植栽（御所野愛護少年団）／ミヤマカンスゲ類（アイヌヒロ、ヒロコ）の植栽（御所野遺跡を支える会）

5月 ヤマザクラの植栽（一戸南学童クラブ、御所野遺跡を支える会）

6月 Ⅳb区東側のスギなど針葉樹の伐採（博物館）～8月

2013年 6月 Ⅳb区西側のスギの伐採（博物館）～8月

2014年 6月 御所野縄文公園内の外来植物などの伐採（博物館）～7月

2015年 5月 Ⅴ区にガマズミ、ミヤマガマズミ、ハシバミ、ミズキ、ハナイカダ、ヤマウツギ、サルナシ、マツブサ、カマツカ、エビガライチゴ、サンショウを植栽（博物館主催事業「木を植えよう」）

2016年 6月 Ⅰ区及びⅡ区中央部のクリ、コナラなどの伐採～10月

2017年 6月 Ⅰ区及びⅡ区東側のクリ、コナラなど広葉樹の伐採～10月

2018年 6月 Ⅰ区東側のスギ主体、カラマツ一部の針葉樹の伐採～10月

参考文献

高田和徳　一九九七「御所野遺跡の集落構成とその変遷」『日本考古学協会一九九七年度大会　研究発表要旨』日本考古学協会

高田和徳・山田昌久　一九九七「御所野遺跡の考古学的な集落分析」『人類誌集報』二　東京都立大学考古学研究室

高田和徳　一九九八「縄文土屋根住居の実験的復原」『人類誌集報』三　東京都立大学考古学研究室

高田和徳・西山和宏・浅川滋男　一九九八「縄文時代の土屋根住居の復原（一）」『月刊文化財』四一七　第一法規出版

高田和徳・西山和宏・浅川滋男　一九九八「縄文時代の土屋根住居の復原（二）」『月刊文化財』四一八　第一法規出版

高田和徳　一九九九「縄文土屋根住居の焼失実験」『月刊文化財』四三四　第一法規出版

高田和徳　二〇〇〇「土葺き屋根の竪穴住居」『季刊考古学』七三　雄山閣

林謙作・岡村道雄編　二〇〇〇『縄文集落の復原』学生社

高田和徳　二〇〇一「御所野遺跡の焼失住居にみる内部空間」『竪穴住居の空間と構造』国際日本文化研究センター千田研究室

高田和徳　二〇〇三「御所野遺跡の保存と活用」『日本歴史』七月号　吉川弘文館

高田和徳　二〇〇三「縄文集落の復原事例—岩手県御所野遺跡の整備から—」『日本考古学』一五　日本考古学協会

高田和徳　二〇〇五『縄文のイエとムラの風景　御所野遺跡』新泉社
松本直子　二〇〇五『先史日本を復元する―二　縄文のムラと社会―』岩波書店
高田和徳　二〇〇八「岩手県北部における縄文中期末の集落の変容について」『環境文化史研究』一　環境文化史研究会
高田和徳・澤口亜希　二〇〇八「竪穴建物の屋外炉での薪燃焼実験について」『考古学ジャーナル』五七四　ニューサイエンス社
辻圭子・辻誠一郎・大松志伸・高田和徳　二〇〇八「岩手県御所野遺跡における縄文中期終末期のトチノキ種実遺体群の産出状況と意義」『環境文化史研究』一　環境文化史研究会
高田和徳　二〇一〇「御所野遺跡の縄文里山づくり」『遺跡学研究』七　日本遺跡学会
佐々木由香　二〇一三「御所野遺跡における利用植物の解明」『平成二四年度　一戸町文化財年報』一戸町教育委員会
辻本裕也　二〇一三「御所野遺跡の立地環境に関する検討」『平成二四年度　一戸町文化財年報』一戸町教育委員会
佐々木由香　二〇一四「土器圧痕からわかる御所野遺跡の利用植物」『平成二五年度　一戸町文化財年報』一戸町教育委員会
柴田恵・中市日女子・高田和徳　二〇一四「御所野遺跡出土底部網代圧痕の編み物復元」『平成二五年度　一戸町文化財年報』一戸町教育委員会

報告書

一戸町教育委員会　一九九三『御所野遺跡I―縄文時代中期の大集落跡―』一戸町文化財調査報告書三二（発掘調査一九八九年～一九九二年）
一戸町教育委員会　二〇〇四『御所野遺跡II』一戸町文化財調査報告書四八（発掘調査一九九四年～一九九八年）
一戸町教育委員会　二〇〇六『御所野遺跡III』一戸町文化財調査報告書五三（発掘調査一九九九年～二〇〇五年）
一戸町教育委員会　二〇一三『御所野遺跡IV』一戸町文化財調査報告書六八
一戸町教育委員会　二〇一五『御所野遺跡V―総括報告書―』一戸町文化財調査報告書七〇
一戸町教育委員会　二〇〇四『御所野遺跡環境整備事業報告書I』一戸町文化財調査報告書五〇
一戸町教育委員会　二〇〇七『御所野遺跡環境整備事業報告書II』一戸町文化財調査報告書六〇
一戸町教育委員会　二〇一七『御所野遺跡環境整備事業報告書III―総括報告書―』一戸町文化財調査報告書七一
一戸町教育委員会　二〇一〇『御所野遺跡植生復元整備計画書―縄文里山づくり事業―』
一戸町教育委員会　二〇一三『史跡御所野遺跡保存管理計画』

あとがき

縄文里山づくりのきっかけは「御所野遺跡植生復元整備指導委員会」の議論のなかで出された新たな提案でした。それを受けて「御所野遺跡植生復元整備計画書—縄文里山づくり事業—」という計画書を作成し、事業を推進してきました。

御所野遺跡では遺跡整備を見すえて土屋根の竪穴建物づくりやその焼失実験などをおこなっていましたが、その後、東京都立大学の考古学研究室が御所野遺跡をフィールドにして考古学的な実験をおこなうことになり、共同で樹木伐採などの実験を重ねてきました。またその一方で、博物館独自に聞き取り調査などをおこなって一戸町の伝統的な植物利用の姿と出土遺物の比較検討をしてきました。

こうした活動の成果は『御所野遺跡環境整備事業報告書』Ⅰ～Ⅲとしてまとめていますが、本書はその報告書をもとにして作成しています。

御所野遺跡の整備では、多くの方々にご指導をいただいてきました。末尾となりましたが、衷心よりお礼申し上げます（敬称略）。

山田昌久（東京都立大学〔首都大学東京〕特任教授）、岡村道雄（奈良文化財研究所名誉研究員）、辻誠一郎（東京大学名誉教授）、湯本貴和（京都大学霊長類研究所所長）、平澤毅

（文化庁主任文化財調査官）、前川歩（奈良文化財研究所主任研究員）、辻圭子、佐々木由香（金沢大学古代文明・文化資源学研究センター特任准教授）、那須浩郎（岡山理科大学准教授）、羽生淳子（カリフォルニア大学バークレー校教授）、平塚明（岩手県立大学名誉教授）、ジョン・アートル（慶應義塾大学経済学部准教授）、村本周三（北海道教育委員会）。

本書は「14 縄文人の植物利用」、「20 持続する取り組み」を菅野紀子が、それ以外を高田和徳が執筆しています。また、執筆にあたっては「17 スズタケでカゴを編む」では柴田恵氏から、「18 サルナシで編む」では戸部正志氏から聞き取りをし、「08 住居をつくった木は」、「09 なぜ建物にクリを使ったのか」、「14 縄文人の植物利用」の基本的なデータ整理は御所野縄文博物館の久保田滋子・出町拓也が担当しています。図版・写真ページ作成など全般にわたっては、御所野縄文博物館の指定管理者である「いちのへ文化・芸術NPO」の次のスタッフが担当しました。中市日女子、木村由美子、松田真美子、鈴木雪野、後藤宗一郎、猪狩真理子、峠友香、田頭忍、とくに本書に関係ある御所野遺跡の縄文里山づくり事業の中心となって活動してきたのが中市日女子です。以上の方々にも衷心よりお礼申し上げます。

御所野縄文博物館　館長　高田和徳

◎遺跡紹介

御所野縄文博物館（御所野縄文公園）
岩手県二戸郡一戸町岩舘字御所野二
電話／〇一九五－三二－二六五二　ファックス／〇一九五－三二－二九九二
ホームページ／https://goshono-iseki.com
開館時間／午前九時〜午後五時（展示受付は四時半まで）
休館日／月曜（祝祭日の場合は翌日）、祝祭日の翌日、年末年始
展示室入館料／一般三〇〇円、大学生二〇〇円、高校生以下無料
交通／東北新幹線二戸駅から車で約十五分、ＩＧＲいわて銀河鉄道一戸駅から車で約五分

◎執筆者紹介

高田和徳◎たかだ　かずのり／岩手県出身。岩手県教育委員会文化課、一戸町教育委員会社会教育課を経て、現在、御所野縄文博物館館長（いちのへ文化・芸術ＮＰＯ代表理事）。
おもな著作　『御所野遺跡Ｉ―縄文時代中期の大集落跡―』（一戸町教育委員会、一九九三年）、『縄文のイエとムラの風景　御所野遺跡』シリーズ「遺跡を学ぶ」〇一五（新泉社、二〇〇五年）、『火と縄文人』（編分担執筆、同成社、二〇一七年）

菅野紀子◎かんの　のりこ／岩手県出身。（公財）岩手県文化振興事業団埋蔵文化財センターを経て、現在、御所野縄文博物館主任学芸員兼世界遺産登録推進室文化財主任。
おもな著作　『御所野遺跡Ⅳ』（編分担執筆、一戸町教育委員会、二〇一三年）、『御所野遺跡Ｖ―総括報告書―』（編分担執筆、一戸町教育委員会、二〇一五年）、『馬場平遺跡・蒔前遺跡―平成二八・三〇年度町内遺跡発掘調査報告書』（一戸町教育委員会、二〇一九年）

写真・図版提供：御所野縄文博物館

縄文里山づくり

御所野遺跡の縄文体験

二〇二一年七月二六日　第一版第一刷発行

編者――御所野縄文博物館

執筆者――高田和徳・菅野紀子

発行所――新泉社

東京都文京区湯島一－二－五　聖堂前ビル

電話　〇三－五二九六－九六二〇

ファックス　〇三－五二九六－九六二一

印刷――三秀舎

製本――榎本製本

ISBN978-4-7877-2106-8　C1021

新泉社の本

…

縄文ムラの原風景　御所野遺跡から見えてきた縄文世界
御所野縄文博物館編　Ａ５判九六頁／一六〇〇円＋税

世界から見た北の縄文　御所野遺跡と北海道・北東北の縄文遺跡群
御所野縄文博物館編　Ａ５判変型一六四頁／一八〇〇円＋税

環状列石ってなんだ　御所野遺跡と北海道・北東北の縄文遺跡群
御所野縄文博物館編　Ａ５判変型一七二頁／一八〇〇円＋税

シリーズ「遺跡を学ぶ」15
縄文のイエとムラの風景　御所野遺跡
高田和徳著　Ａ５判九六頁／一五〇〇円＋税